# Spaziergänge durch das alte

# LONDON

## Historische Gemälde, Postkarten, Fotografien und Stadtpläne

61 Gemälde von Rose Barton
Einführung von Mary Anne Evans
Texte von Colin Inman, David Boyle,
Mary Anne Evans und Susie Green

Bassermann

ISBN: 978-3-8094-2454-3

© 2009 by Bassermann Verlag, einem Unternehmen der
Verlagsgruppe Random House GmbH, 81673 München

© der englischen Originalausgabe: Copyright Worth Press Limited 2008
für Text; Bookcraft Ltd für Konzept, Layout und Design

Dieses Buch wurde erstmals in Großbritannien unter dem Titel
*Familiar London. Memories of Times Past* veröffentlicht.
ISBN-10: 1-903025-45-1; ISBN-13: 978-1-903025-45-1

Projekt Manager: John Button
Design Manager: Lucy Guenot und Catherine Smith

Umschlaggestaltung: Atelier Versen, Bad Aibling
Übersetzung: Martin Rometsch für berliner buch.macher
Gesamtproducing: berliner buchmacher

Die Informationen in diesem Buch sind von Autoren und Verlag
sorgfältig erwogen und geprüft, dennoch kann eine Garantie nicht übernommen werden. Eine Haftung der Autoren bzw. des Verlags
und seiner Beauftragten für Personen-, Sach- und Vermögensschäden
ist ausgeschlossen.

Druck: Imago Publishing Limited

Printed in China

817 2635 4455 6271

HINWEIS FÜR DEN LESER
Anmerkungen und Quellenangaben zu den Abbildungen
– außer den Gemälden – sind am Ende des Buches auf
den Seiten 171–174 zu finden.

Die Abbildung auf dem Vor- und Nachsatz ist einem
Stadtplan entnommen, der 1904 von John Bartholomew und
Co. in Edinburgh veröffentlicht wurde.

# INHALT

5   *London, Hauptstadt eines Weltreichs*   *Mary Ann Evans*
19   *Rose Barton 1856–1929*   *Colin Inman*

24   Marlborough House: Thronfolger George schaut den
        Schottischen Gardesoldaten zu
26   Westminster
28   Kutschenrennen im Hyde Park
30   Rotten Row
32   Ludgate Hill
34   Regnerischer Tag am Grosvenor Place
36   Unter der Hungerford Bridge
38   Heißer Nachmittag in der Piccadilly
40   Nebliger Abend in der Brompton Road
42   Ecke Bond Street: Blick auf Oxford Street
44   Eine Prise Salz
46   Frühling
48   Isthmian Club, Piccadilly
50   Segelboote auf der Serpentine
52   Kreuzung Hyde Park Corner
54   Hyde Park Corner: Regnerischer Tag
56   Blühende Azaleen in der Rotten Row
58   In den Kensington Gardens
60   The Ring, Hyde Park: Abend
62   Warten auf die Königsfamilie
64   George, Prinz von Wales
66   In der Strand: Warten auf die Wahlergebnisse
68   Die Königliche Börse
70   Cloth Alley, Smithfield
72   Blumenmädchen in der Strand
74   Rus in Urbe
76   Alte Uferbefestigung, Chelsea
78   Die letzte Lampe am Ufer der Themse
80   Wer ist es?
82   Eingang zum Apothecaries' Garden
84   Tagesausflug
86   Der Pensioners' Garden, Royal Hospital, Chelsea

88   Emanuel Hospital, Westminster
90   Die Nelsonsäule im Nebel
92   Gordons Statue
94   In Eile zur Hochzeit
96   Feuer
98   St. Mary's-le-Strand
100   Trinkbrunnen im St.-James-Park
102   Möwenfütterung auf der Brücke im St.-James-Park
104   Parliament Street
106   Wachablösung in Whitehall
108   St. Bartholomew's Hospital
110   The Guards Marching Near St. James's Palace
112   Die Themse, Charing Cross
114   Kleinkinder
116   Cromwell Road
118   St. James's Street: Morgenempfang
120   Bahnhof South Kensington
122   Brompton Road, Blick nach Osten
124   Constitution Hill: Die Blauen
126   Villiers Street, Charing Cross
128   Fleet Street
130   Wartende Dame
132   Tottenham Court Road
134   Drei kleine Enten
136   Bus in Hammersmith
138   Nelsonsäule und Säulenhalle von St. Martin's-in-the-Fields
140   Bell Inn, Holborn
142   St. Martin's-in-the-Fields
144   Waterloo Bridge

146   *Stadtpläne Londons*
162   *Über das ursprüngliche Buch*
163   *Neue Welt der farbigen Bilder*
171   *Quellen, Anmerkungen und Bildlegenden*
175   *Bibliografie*
176   *Das Time-Past-Archiv, Die Times Past Website, Nachweis der Abbildungen*

B. 30687. LONDON: TOWER BRIDGE.

# LONDON, HAUPTSTADT EINES WELTREICHS

## MARY ANNE EVANS

Anfang des 20. Jahrhunderts war London das Herz eines der größten Weltreiche aller Zeiten, in dem, wie man voller Stolz glaubte, die Sonne nie unterging. Die glücklichen Briten schwelgten in Selbstvertrauen und kümmerten sich in ihrem Glück nicht um den Rest der Welt. Ereignisse in Russland, die zunehmend aggressive Haltung des deutschen Kaisers und sogar die historische britisch-französische entente cordiale nahm man lediglich bei der Zeitungslektüre am Frühstückstisch zur Kenntnis und vergaß sie dann, weil das Tagesgeschehen wichtiger war.

Nur wenige Wolken trübten den eigenen Horizont. Die Selbstverwaltung für Irland stand noch nicht auf der Tagesordnung, und die Sufragetten-Bewegung – entstanden 1903 als Women's Social and Political Union unter der entschlossenen Führung von Emmeline Pankhurst – steckte noch in den Kinderschuhen. Der König hatte die Monarchie nahtlos von seiner geliebten und überaus langlebigen Mutter, Königin Victoria, übernommen und war sehr populär. Henry James hatte ihm den Spitznamen „Edward, der Knutscher" verpasst, aber die meisten Leute waren liebevoller und nannten ihn „guter alter Teddy". Seine kleinen Sünden und Liebesaffären wurden toleriert oder ignoriert, und die Klatschspalten der Zeitungen berichteten sogar über das vielbeachtete gesellschaftliche Leben seiner Geliebten Alice Keppel, ohne den König je zu erwähnen.

Das Leben war gut, und da London nach einem Jahrhundert des industriellen Fortschritts reicher war als alle anderen Städte, lockte die Hauptstadt Besucher aus ganz Großbritannien und dem Rest der Welt an.

Krönung Edwards VII. im August 1902; aus einem *Coronation Souvenir*, veröffentlicht „mit den besten Empfehlungen von R.W. Righton. Stoffgroß- und -einzelhandel, Manchester House, Evesham".

## MIT DER DAMPFLOK NACH LONDON

Die ersten Eindrücke eines Besuchers waren verwirrend, und jene, die mit dem Zug kamen, staunten über die enorme Ausdehnung Londons. Wo endete das Land, und wo begannen die Vorstädte? Wo endeten die Vorstädte, und wo begann die „Stadtmitte"? 1905 war die Bevölkerungszahl auf beachtliche viereinhalb Millionen gestiegen, doch die Mittelschicht begann schon, in die behaglichen, sauberen Vorstädte, zum Beispiel Clapham und Golders Green, zu flüchten, ja sogar nach Holloway, wo die Unterschicht lebte (dort hatten George und Weedon Grossmith die Familie Pooter in *Diary of a Nobody* angesiedelt). Im ersten Jahrzehnt des 20. Jahrhunderts dehnte London sich weiter aus – nach Hounslow, Kingston oder Mill Hill und darüber hinaus. London glich weder der gut geplanten, imposanten Hauptstadt Frankreichs, noch erregte es bei Besuchern Ehrfurcht wie Athen mit sei-

nen uralten Schätzen. Wer London, eine der wichtigsten Städte der Welt, besuchte, hatte einen anderen ersten Eindruck: unendlich viele Straßen, gesäumt von zwei- oder dreistöckigen roten Ziegelhäusern und Geschäften.

Aber während der Zugfahrt waren all diese Eindrücke nebensächlich. Die großen Bahnhöfe in bequemer Nähe zum West End und zur City waren Meisterwerke der viktorianischen Technik, und an jeder wichtigen Endstation befand sich ein ebenso prachtvolles Bahnhofshotel. Gewiss, diese Grandhotels waren teuer, aber zugleich unübertroffen in Stil und modernem Komfort. Das Great Western Hotel neben dem Bahnhof Paddington, 1854 eingeweiht, verfügte über 102 Schlafzimmer und 15 Wohnzimmer. Noch eindrucksvoller war das kunstvolle gotische Midland Grand Hotel neben dem Bahnhof St. Pancras, entworfen von Sir George Gilbert Scott, dem Architekten des vergoldeten Albert Memorial. Es rühmte

Ein Photochrom des Great Western Hotels am Bahnhof Paddington (oben). Highgate (rechts), gemalt von John Fulleylove, der in Hampstead lebte und im Mai 1908 starb.

## PFERDEDROSCHKE ODER MOTORFAHRZEUG?

Während das viktorianische Zeitalter für seine großen Eisenbahnprojekte bekannt war, rühmte man die Zeitgenossen Edwards, weil sie andere Transportmittel erfanden. Die Gesellschaft wurde so mobil, dass sie die britische Landschaft veränderte. Spekulanten investierten in Vorstadtimmobilien, damit Leute wie Mr. Pooter und ihre Familien beispielsweise in „The Laurels", Brickfield Terrace 12, im Stadtteil Holloway wohnen und jeden Tag im Omnibus zur Arbeit in die City fahren konnten.

Rose Bartons bezaubernde Bilder der Stadtmitte zeigen friedliche Straßen voller Einspänner und Droschken, die ihre Passagiere vom Bahnhof Ludgate Hill durch die Brompton Road und die Parks zur Kathedrale St. Paul's

Diese Werbung für das Hotel Bedford stammt aus *Ryman's Handy Handbook of London*, das über 100 Illustrationen, Karten, Droschkentarife und 25 Theatersitzpläne enthielt und 6 Pence kostete. Die Zeichnung (unten) eines Einspänners, ein Werk von Hugh Thompson, wurde 1902 von Macmillan in *Highways and Byways in London* abgedruckt.

sich einer Treppe, die bis ins oberste Stockwerk reichte und Stufen aus Gusseisen, ein steinernes Gewölbe und bemalte Wände besaß. Die Hauptsuiten befanden sich im ersten, die Unterkünfte des Personals im obersten Stock, und ein anmutiger Rauchsalon für Damen ermöglichte einen Blick auf die Euston Road.

Im Jahr 1904 boten selbst bescheidenere Hotels diesen Komfort an. Das 1900 umgebaute Hotel Bedford in der Southampton Row wurde „ganz mit Radiatoren geheizt" und warb mit elektrischem Licht, Aufzügen, Bädern, drei Billardtischen und einem Wintergarten. Zimmer, Frühstück und Bedienung kosteten fünf Schilling je Nacht. Wer länger blieb, konnte beispielsweise in der „erstklassigen Pension gegenüber Regent's Park" absteigen, die zahlende Gäste für 2 Pfund, 12 Schilling und 6 Pence pro Woche aufnahm. Es offerierte „stattliche Empfangsräume, einen Billardsaal (großer Tisch), Badezimmer (gute sanitäre Anlagen), einen großen Garten mit Tennisplatz, gute Küche und reichhaltige Verpflegung" und stand am Clarence Gate.

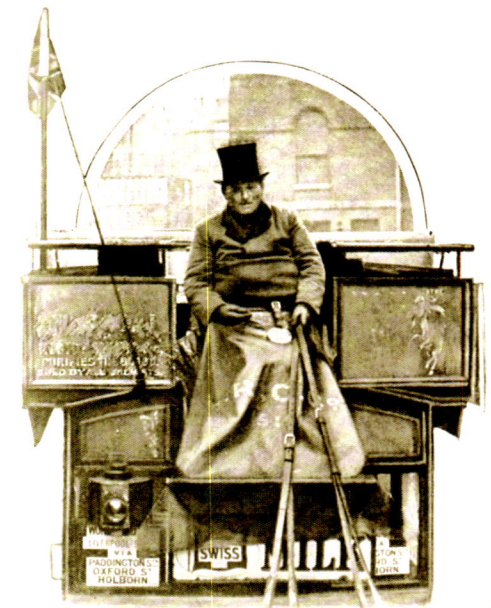

beförderten. In den ersten Jahren Edwards beherrschten die Pferdedroschken weiter die Straßen.

Die Adeligen in ihren eleganten Landauern mit Wappen an den Seiten waren immer noch eine Sehenswürdigkeit, wenn sie aus den Auffahrten ihrer Villen preschten, um Freunde und Bekannte zu besuchen.

Für gewöhnliche Leute gab es eine riesige Zahl von zwei- oder vierrädrigen Pferdebussen und Droschken, die sie durch die überfüllten Straßen trugen. Die Kutscher kamen jeden Tag vom ärmeren East End und arbeiteten viele Stunden von zu Hause entfernt. Wie viele Berufszünfte hielten sie fest zusammen und wurden gut behandelt. Sie durften zwischen den Fahrten in kleinen, hölzernen Gebäuden mitten auf den Straßen (erbaut vom Cabman's Shelter Fund) essen, „harmlose Getränke" zu sich nehmen, rauchen und Zeitungen lesen. Wenn sie alt waren, unterstützte die Cab-drivers Benevolent Association die Kollegen von Knock Softly, Crimea Sailor Jack und Little Hill, die jeweils über 40 Jahre „auf der Kiste" verbracht hatten.

Aber die Kutscher starben allmählich aus, und in den ersten Jahren des Jahrhunderts bedrohten neue Fahrzeuge aller Art ihren Lebensunterhalt. Um 1903 erschienen Motortaxis, Motorbusse und elektrische Straßenbahnen auf den Straßen und verdrängten die alten Transportmittel. Anfangs noch laut und anfällig, wurden die mechanischen

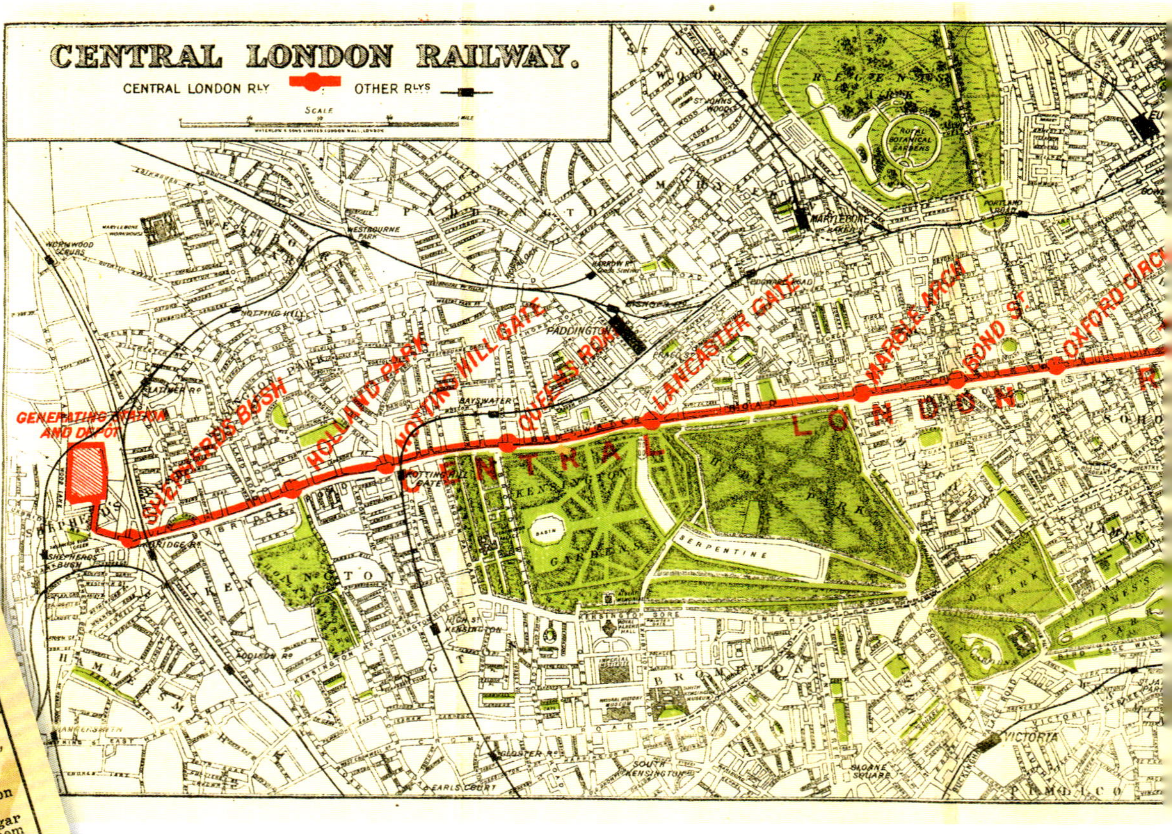


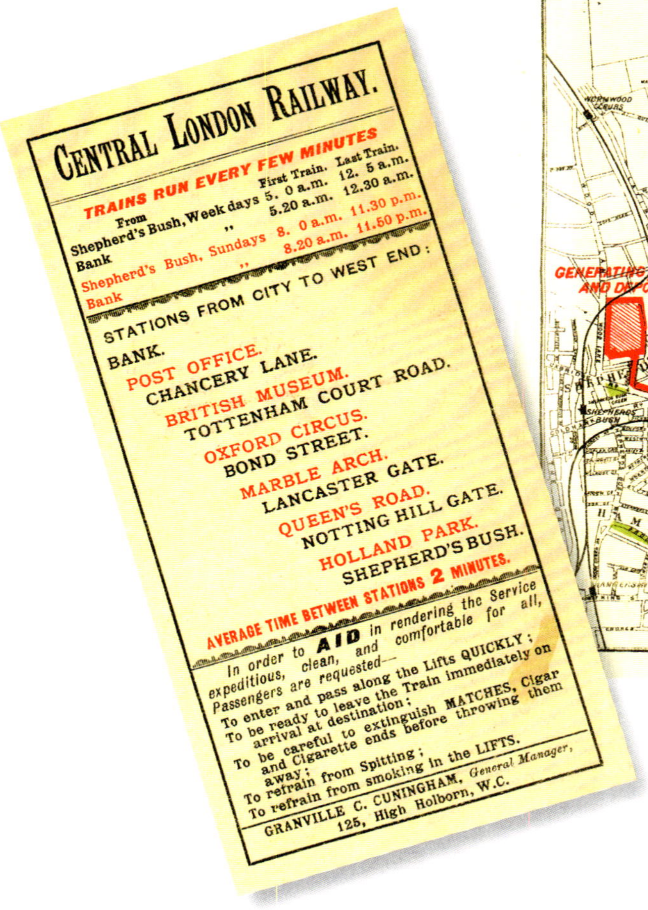

CENTRAL LONDON RAILWAY.

TRAINS RUN EVERY FEW MINUTES

| From | | First Train. | Last Train. |
|---|---|---|---|
| Shepherd's Bush, | Week days | 5. 0 a.m. | 12. 5 a.m. |
| Bank | ,, | 5.20 a.m. | 12.30 a.m. |
| Shepherd's Bush, | Sundays | 8. 0 a.m. | 11.30 p.m. |
| Bank | ,, | 8.20 a.m. | 11.50 p.m. |

STATIONS FROM CITY TO WEST END:

BANK.
POST OFFICE.
CHANCERY LANE.
BRITISH MUSEUM.
TOTTENHAM COURT ROAD.
OXFORD CIRCUS.
BOND STREET.
MARBLE ARCH.
LANCASTER GATE.
QUEEN'S ROAD.
NOTTING HILL GATE.
HOLLAND PARK.
SHEPHERD'S BUSH.

AVERAGE TIME BETWEEN STATIONS 2 MINUTES.

*In order to* **AID** *in rendering the Service expeditious, clean, and comfortable for all, Passengers are requested—*

To enter and pass along the Lifts QUICKLY;
To be ready to leave the Train immediately on arrival at destination;
To be careful to extinguish MATCHES, Cigar and Cigarette ends before throwing them away;
To refrain from Spitting;
To refrain from smoking in the LIFTS.

GRANVILLE C. CUNINGHAM, *General Manager*,
125, High Holborn, W.C.

Venikel immer besser und kosteten sehr zum Missfallen der Kutscher nur 6 Pence pro Meile.

Im Jahr 1904 dehnte sich das Netz der unterirdischen elektrischen Eisenbahn aus, und bald war ganz London von Islington bis Clapham Common, vom Finsbury Park bis zum Moorgate auf unsichtbaren Wegen erreichbar. Die Metropolitan District Railway, die erste Untergrundbahn der Welt für Passagiere, fuhr schon seit 1860; aber sie war überfüllt und unbequem und wurde mit Gaslampen beleuchtet. Die Central Line, 1900 eingeweiht, wies den Weg in die Zukunft. Sie war die erste vollständig elektrische Untergrundbahn, und im Jahr 1903 beförderte sie täglich bis zu 140 000 Passagiere vom Bank zum Shepherd's Bush. Im Transportwesen konnte man viel Geld verdienen, und

die Spekulanten investierten eifrig. Das Netz wuchs rasch, und mit den Linien Baker Street und Waterloo („Bakerloo") sowie Piccadilly und Brompton, beide 1906 eingeweiht, war das moderne Untergrundnetz fertig.

Aber es waren die Automobile, welche die Reisegewohnheiten für immer veränderten. Anfangs fürchteten viele das neumodische Fahrzeug und lehnten es ab. Seine Gegner waren die Kutscher mit ihren schwächlichen Pferdefuhrwerken, aber auch exzentrische Individuen wie der Marquis von Queensbury, der einen Waffenschein mit der Begründung beantragte, er brauche ihn, um Autofahrer zu erschießen, die durch sein Anwesen fuhren.

Es gab gute Gründe, sich Sorgen zu machen. Im Jahr 1904 befuhren etwa 8 465 Automobile die Straßen. Die Welt wurde schneller, und die gesetzlich erlaubte Geschwindigkeit wurde in ganz England von 14 auf furchterregende 20 Meilen in der Stunde angehoben. Die Verwaltung des königlichen Parks erlaubte allerdings seit 1904 in den städtischen Parkanlagen nur noch würdevolle und viel angemessenere 10 Meilen pro Stunde. Im Jahr 1910, angekurbelt von der Einführung des amerikanischen Ford T, stieg die Zahl der Autos auf 53 196. Das Auto war da und blieb für immer.

Dieses beeindruckende Automobil (oben) wurde in Farbe fotografiert und dann von John Swain and Sons in der Farringdon Street mit drei Mehrfarbenklischees gedruckt. Es erschien im *Penrose Pictorial Annual* von 1902-3.

Die Central London Railway (links) bot an Werktagen vor 7 Uhr „Rückfahrkarten für Frauen" zu je 2 Pence an. Für 4 Schilling konnte man auch ein Heft mit 24 Fahrkarten kaufen und damit an jedem Bahnhof abfahren.

Philip Norman malte die Holywell Street mit Blick nach
Osten (oben) im Jahr 1900. Diese Straße voller Buchan-
tiquariate wurde zerstört, als man den Kingsway baute.
Am Ende der Straße ist der Turm der Kirche St. Clement
Dane zu sehen, ebenso wie auf der 1902 entstandenen
Zeichnung (rechts) von Hugh Thomson mit dem Titel
„Wenn die Strand offen ist".

## EIN BAUBOOM

Nicht nur das sich entwickelnde Transportsystem sorgte
dafür, dass Straßen aufgegraben wurden, um Schienen zu
verlegen und Tunnels für die elektrische Untergrundbahn
zu bauen. Überall, so schien es, wurden Hunderte von
alten Gebäuden im Namen des Fortschritts abgerissen.

Im Jahr 1904 näherte sich die letzte und eine der größten — und folgenschwersten — viktorianischen Sanierungs-
maßnahmen ihrer Vollendung. Das Kingsway-Aldwych-
Projekt, das 1900 begann, hatte die Straßen nördlich der
Strand saniert, gegenüber Somerset House, einem groß-
en Gebäude, das Thomas Cook in seinem *Handbook for
London* (1904) galant als „für das Finanzamt, Testamente
etc. bestimmt" abtat. Mit diesen Maßnahmen, die etwa
28 Morgen umfassten und rund 5 Millionen Pfund kosteten, wollte man ein Geschäftsviertel schaffen, das mit
der City mithalten konnte. Die Einweihung des Kingsway
im Oktober 1905 durch Edward VII., dem er seinen Namen verdankt, war ein prachtvolles Ereignis. Die Baukunst
neigte wie viele andere Aspekte des damaligen Lebens auch
zu Extravaganz und prunkvollem Dekor. Daher bekamen
viele der dunklen Londoner Häuser mit den
flachen Fassaden aus dem 18. Jahrhundert üp-
pige neue Vorderfronten und ebenso opulente
Interieurs. Am südlichen Rand von Mayfair
wurde die Piccadilly an der Seite Green Park
mit neuen Banken und Büros, Restaurants und
Geschäften ausgestattet. 1904 nahm das große
Hotel von César Ritz Konturen an — es war der
erste Stahlskelettbau in London —, während
auf der anderen Seite Kräne den Horizont ver-
deckten, um mit dem Bau von Norman Shaws
prächtigem Piccadilly Hotel zu beginnen.

## DAS SORGLOSE LEBEN DER
## OBERSCHICHT

Trotz dieser fieberhaften Aktivitäten und der
Sehnsucht nach Wandel blieben die gesellschaftlichen Konventionen der Oberschicht
beruhigend stabil. Vorneweg schritt der Kö-

ng mit seinem Freundeskreis, dem „Marlborough Set",
dem nur wenige Privilegierte angehörten, während etwa
600 prominente Londoner Familien die Basis der High
Society bildeten.

Der immense Reichtum der Londoner Aristokratie
manifestierte sich in den Stadthäusern, die Park Lane,
Mayfair und St. James zierten. Diese „Villen des Adels"
galten als so wichtig, dass sie in Thomas Cooks *Handbook
for London* ein eigenes Kapitel erhielten und Besucher zu
noblen Adressen führten, etwa zum Apsley House, das
dem Herzog von Wellington gehörte, zum Devonshire
House, dem Heim der Herzogin von Devonshire, zum
Grosvenor House, Eigentum des Herzogs von Westminster, und zum Stafford House an The Mall (heute
Lancaster House genannt), dem „prachtvollen Exemplar

der Baukunst, für 250 000 Pfund geschaffen", in dem der
Herzog von Sutherland wohnte. Es war immer ein groß-
artiges Bauwerk gewesen, so prächtig, dass Königin Victoria, ein häufiger Gast, einmal trocken zu ihrer Freundin, der Gattin des zweiten Herzogs, sagte: „Ich bin aus
meinem Haus in deinen Palast gekommen."

Pomp und Zeremoniell, Extravaganz und Exzesse
waren das Privileg der Oberschicht, die begeistert Oscar
Wildes Ausspruch: „Nichts ist so erfolgreich wie der
Exzess" zum Mantra ihrer Zeit machte. Angesichts einer
Einkommensteuer von 6 Pence je Pfund (so viel kostete
*The Queen*, die Wochenzeitung für Damen) konnten die
Reichen sich jeden Luxus leisten, den sie haben wollten.
Das Leben war ein endloser Kreislauf des Vergnügens
nach einem festen Muster. Das Amüsement begann,

Der König und die Königin nahmen im Juni am Gold
Cup Day in Ascot teil (oben). Damals wie heute
war dies der Höhepunkt der Rennsaison und eine
Gelegenheit, mit der neusten Mode zu protzen.

Der Mitternachtsball im Hotel Savoy (oben), abgebildet in einer Broschüre mit dem Titel *London's Social Calendar*, den Hotelgäste um 1906 geschenkt bekamen. Das gleiche Werk enthält das Bild rechts mit der Legende „Dinner im Berkeley". Das Foto unten zeigt den Ballsaal im Devonshire House. Es wurde im *Penrose Pictorial Annual* von 1903–04 abgedruckt.

wenn die Zofe die Vorhänge öffnete und das Feuer im Bad anzündete, und endete mit der letzten Zigarre nach dem Dinner am späten Abend.

Die Londoner Sommersaison dauerte von Ostern bis zu den Rennen in Ascot Ende Juni. Die Schickeria kehrte erst an Weihnachten für etwa eine Woche in die Hauptstadt zurück. „Die Londoner Gesellschaft war herrlich", schrieb Prinzessin Marie Louise in *My Memories of Six Reigns*. „Bälle, Empfänge und natürlich große Dinnerpartys fanden jeden Abend statt, und es war ganz normal, an einem Abend mehr als einen Ball zu besuchen ... Es war nicht notwendig, das Haus seiner Freunde zu verlassen, weil damals Dorchester House, Grosvenor House, Lansdowne House, Derby House, Stafford House – all diese wunderschönen Residenzen noch von ihren Eigentümern bewohnt wa-

ren." Sie blieben Privatbesitz bis 1914. Dann wurde diese Welt der Privilegien zerstört.

## EIN KLEID FÜR JEDEN ANLASS

Auffälliger Konsum war erwünscht, und er war nirgendwo auffälliger – oder erwünschter – als in der Damenmode. Die Ladys der feinen Gesellschaft waren überaus raffiniert gekleidet und zogen sich während des Tages häufig um, da jedes Ereignis ein anderes Gewand erforderte. Gut angezogene Frauen zur Zeit Edwards waren Sklavinnen der Mode, die Anfang des 20. Jahrhunderts die „S-förmige" Figur bevorzugte. Die Mode betonte den vollen Busen, den Edward VII. bewunderte. Es war jedoch nicht so einfach, ihn zu zeigen, und die eng geschnürte Taille bewirkte, dass viele Frauen öffentlich in Ohnmacht fielen, vor allem bei den langen, üppigen Dinnerpartys, bei denen unverdauliche zwölf Gänge normal waren. Doch wenn es gelang, war die Wirkung eindrucksvoll. In *Good-bye Piccadilly* schwärmte W. McQueen Pope: „Der Anblick einer Dame in der Ära Edwards, die vor einem Geschäft

DRESSMAKERS PREFER TO FIT OVER
ROYAL WORCESTER KIDFITTING CORSETS,
WHICH GIVE THE BEST DRESS EFFECTS.

der Erfindung der Nähmaschine und der Einführung der Massenproduktion auf die viel profitablere Kleidung umgestellt.

Herren kauften ihre Garderobe weiter bei Maßschneidern – Anzüge in der Savile Row und Hüte, Schuhe und Hemden in der St. James. Lebensmittel für die Reichen besorgten das angesehene Kaufhaus Fortnum & Mason, gegründet 1705 in der St. James, und Harrods, das von 1901 bis 1905 zu dem riesigen und bekannten roten Terrakottagebäude in der Knightsbridge erweitert wurde. Hatchards, 1797 in der Piccadilly eröffnet, belieferte anspruchsvolle Leser mit Büchern – unter anderem die Königsfamilie, wenn sie Urlaub machte.

Der Einzelhandel kämpfte mit harten Bandagen, aber die Gewinne waren enorm, und die Händler griffen begeistert nach jeder neuen Technik, die ihnen Vorteile

Diese vorzüglichen Papierhüte (oben) wurden aus Dennison's Imperial Crêpe angefertigt. Bilder von ihnen wurden mit dem Zander-Verfahren im *Penrose Pictorial Annual* von 1906–07 abgedruckt.

in der Regent Street aus ihrem Brougham, ihrer Viktoria oder ihrem Landauer stieg, war ein Spektakel … Die Dame schwebte wie eine Königin, wie eine Prozession mit einer Teilnehmerin über den Gehsteig, denn sie wusste, wie man sich bewegte und benahm. Sie war beherrscht und souverän, elegant und hundertprozentig weiblich. Sie achtete nicht auf ihre Umgebung, sondern glitt wie ein Schiff mit vollen Segeln voran, eine anmutige Galeone auf dem Weg in ihr bevorzugtes Kaufhaus."

Damen kauften ihre Kleider bei Hofschneidern, bei Pariser Designern wie Worth und Anfang des Jahrhunderts immer häufiger in ihrem Lieblingskaufhaus in London. Geschäfte wie Debenham & Freebody in der Wigmore Street 44, Liberty & Co. (bekannt für orientalische Waren aller Art), Swan & Edgar, Dickens & Jones, alle in der Regent Street, Marshall & Snelgrove in der Oxford Street sowie Gamages in Holborn hatten alle als viktorianische Kurzwaren- oder Stoffhändler begonnen, sich aber nach

One of the Sights of London.
Famous for over a Century for Taste, for Quality, for Value.

DEBENHAM
AND
FREEBODY.
*Established 1813.*

WIGMORE STREET AND
WELBECK STREET, CAVENDISH SQUARE, LONDON, W.

TWO MINUTES FROM OXFORD STREET
AND BOND STREET (NORTH END).

EVERY ARTICLE OF FEMININE ATTIRE OF
THE HIGHEST QUALITY KEPT IN STOCK

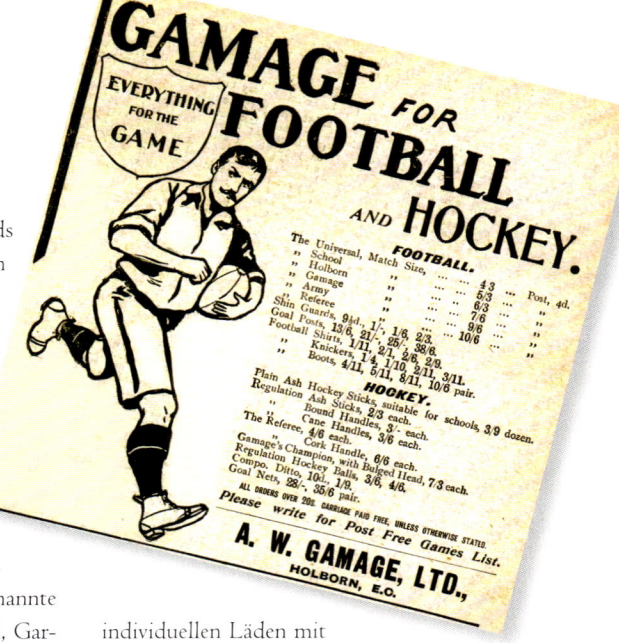

gegenüber der Konkurrenz verschaffte. Harrods hatte 1898 die erste Rolltreppe eingebaut und oben in weiser Voraussicht einen Helfer hingestellt, um nervöse Kunden mit Riechsalz und Brandy zu beruhigen. William Whiteley, der sich 1872 als „universeller Lieferant" anpries und anbot, alles – „von einer Nähnadel bis zum Elefanten" – kurzfristig zu besorgen, war weiter gegangen als andere Händler. Er durchbrach die anerkannten Grenzen des Einzelhandels und verkaufte als Erster viel mehr als Kurzwaren. Wenig später bot Gamages in Holborn, das sogenannte „People's Popular Emporium", Kurzwaren, Möbel, Gartengeräte, Sport- und Campingartikel sowie Kleidung an (Gamages war offizieller Ausrüster der Pfadfinder). Mit einem guten Auge für die größten Chancen fügte der stets erfinderische Arthur Gamage eine Tierabteilung, eine Spielzeugabteilung und 1903 eine Abteilung für Automobile hinzu. Da er mit der Zeit ging, führte er auch Bestellkataloge für Fahrräder und Motorräder nebst Ausrüstung ein. Diese profitable Abteilung lag dem innovativen, wenngleich exzentrischen Händler so am Herzen, dass er nach seinem Tod (1930) dort aufgebahrt werden wollte.

Viele seiner Ideen (allerdings nicht die Aufbahrung) übernahm der Mann, der die Einkaufsgewohnheiten im London König Edwards am nachhaltigsten beeinflusste: der Amerikaner Gordon Selfridge. Mit der Unterstützung Sam Warings von Waring & Gillow (unter der Bedingung, dass er keine Möbel verkaufte, ein Versprechen, das er immer einhielt) kaufte er 1906 ein Grundstück für sein Kaufhaus in der Oxford Street und eröffnete das Geschäft drei Jahre später. Mit seiner enormen Auswahl von Waren und seiner gigantischen ionischen Architektur – gestaltet von Daniel Burnham aus Chicago, wo der junge Selfridge zuerst gearbeitet hatte – erregte es großes Aufsehen.

Gordon Selfridge und seine Kollegen hatten Kaufhäuser geschaffen, die sich sehr von den kleinen, engen, individuellen Läden mit begrenztem Angebot unterschieden, welche die Hauptstraßen der Vorstädte säumten. Große Fenster aus Flachglas erlaubten Passanten einen verführerischen Blick ins glitzernde Innere, wo die Waren – und die Preise – auffällig präsentiert wurden. Wer durch die großen Mahagoni- und Messingtüren ging, hatte das Gefühl, günstige Angebote vorzufinden. Im Inneren machten die modernste elektrische Beleuchtung und die großzügige Raumaufteilung den Kauf von Kleidern für den Tee, Ballkleidern, Hüten mit Straußenfedern, Handschuhen und Schuhen zu einem glamourösen Abenteuer.

Diese Anzeige kündigt die Eröffnung von Selfridges an (ganz oben). Sie erschien im *Penrose Pictorial Annual* von 1909–10, begleitet von einem Artikel, der Annoncen dieser Art (die in Zeitungen ganzseitig abgedruckt und von bekannten Künstlern wie Walter Crane illustriert wurden) als großes Ereignis in der illustrierten Werbung feierte. Die Tuck-Postkarte (oben) zeigt den Bekleidungssalon bei Harrods. Die Zeichnung von Hugh Thomson (rechts) aus dem Jahr 1899 zeigt Käufer in der Regent Street. Die Anzeige für Gamages (oben rechts) stammt aus der Zeitschrift *Chums*, Januar 1905.

## LONDONS SEHENSWÜRDIGKEITEN

Diese Pracht wäre wenig sinnvoll gewesen, wenn sie nicht von allen hätte bewundert werden können – in der Öffentlichkeit, auf privaten Bällen und Dinners. Während der Saison war die Rotten Row, die Rose Barton in ihren farbenfrohen Szenen darstellt, das Zentrum der Mode. Elegante junge Reiterinnen im Damensattel mit einem livrierten Stallburschen an der Seite, die Reichen und die Schönen – sie alle ritten oder schritten täglich durch den Park, während die Zuschauer auf der

anderen Seite des Geländers die Pfauenparade respektvoll verfolgten. Sie war Teil der täglichen gesellschaftlichen Routine, und die Daily Graphic oder die Gesellschaftsspalten der angeseheneren Zeitungen berichteten pflichtgemäß über alles, was interessant war – die Höhe der Feder an einem Damenhut oder die ungewöhnliche Farbe eines Kleides.

Mitglieder der Königsfamilie waren eher selten zu sehen, doch glücklicherweise gab es für die Neugierigen genügend Gebäude, vor denen man warten konnte, um vielleicht einen Blick auf einen Blaublütigen zu erhaschen. Der Buckingham-Palast war für die Öffentlichkeit geschlossen, doch die benachbarten Royal Mews durfte man besuchen, wenn man beim königlichen Stallmeister einen schriftlichen Antrag stellte. Die farbenprächtige Militärkapelle der Gardeinfanteristen spielte täglich um 10.40 Uhr im Marlborough Court Quadrangle vor dem St.-James-Palast oder vor dem Buckingham-Palast, wenn der König dort weilte. Die Wachablösung wurde jeden Tag um 11 Uhr auf dem Horse Guards vollzogen. Die Gemächer im Kensington-Palast – dort wurde Königin Victoria geboren – waren für das Publikum geöffnet, ebenso der Hampton-Court-Palast und Schloss Windsor, wo der Eintrittspreis von einem Schilling für Erwachsene und 6 Pence für Kinder an bestimmten Tagen örtlichen Wohlfahrtseinrichtungen zufloss. Die königliche Besichtigungstour verlief damals kaum anders als heute.

Die Henley-Regatta (links oben), abgebildet im *Savoy Hotel Social Calendar*. Die Morgenpromenade in den Kensington Gardens (links unten) stammt ebenfalls aus dem *Social Calendar* von 1906.

Arthur Pineros prächtiges Arbeitszimmer (rechts). Das Foto erschien im *Penrose Pictorial Annual* von 1903–04. Bei genauem Hinsehen erkennt man links auf dem Schreibtisch eine Rattenfigur. Ein erfrischender Besuch in einem Teeladen der A.B.C. (unten), gezeichnet von Hugh Thomson. Die Bilder der Kekse (unten links) wurden von der London Etching Company angefertigt und im *Penrose Pictorial Annual* von 1912–13 veröffentlicht.

Neulinge unter den Besuchern konnten eine Stadtrundfahrt bei Cook's Drives buchen („begleitet von einem fachkundigen Führer"). Abfahrt war an jedem Werktag von 10 Uhr bis 17.30 Uhr an Cooks Lese- und Wartesaal am Ludgate Circus. Cooks Büros am Ludgate Circus waren eine Touristenattraktion für sich. Sie waren äußerst üppig ausgestattet mit Ankleidezimmern, Toiletten und Kartenschaltern. Hier konnten Touristen aus Übersee sich ausruhen und Zeitungen lesen, während sie darauf warteten, Gutscheine für die Unterbringung in verschiedenen Londoner Hotels zu kaufen. Die Übernachtungskosten lagen zwischen 7 Schilling 6 Pence und 10 Schilling 6 Pence. Sie konnten ihre Briefe adressieren und an jeden Ort der Welt verschicken lassen und Cooks beliebtes und unentbehrliches *Handbook for London* erwerben, das jährlich neu aufgelegt wurde.

Mit dem Handbuch unterm Arm folgte der schüchterne Do-it-yourself-Tourist einem ausgetretenen Pfad. Er bestaunte die Bank von England vom Innenhof aus, der jedem zugänglich war. Er besuchte die Kapelle im Chelsea Hospital, in der staubige, zerfledderte Banner aus den Kriegen hingen, die dazu beigetragen hatten, das britische Empire groß zu machen. Und er bat den Portier des Mansion House, die prächtigen Gemächer des Lord Mayors besichtigen zu dürfen. Zwischen diesen anstrengenden Besichtigungen und natürlich Einkäufen war eine erfrischende Tasse Tee in einem Lyons' Corner House oder in einem Teeladen von A.B.C (so nannte man meist die Aerated Bread Company) höchst willkommen. Am Ende des Tages folgte eine Mahlzeit in einem der vielen Londoner Restaurants – vielleicht ein Muscheldinner in Scott's Oyster and Supper Rooms in der Coventry Street oder ein Essen im Restaurant Holborn, das mit „erstklassiger Instrumentalmusik" warb.

## EINE LEIDENSCHAFT FÜR DIE BÜHNE

Eine besondere Leidenschaft teilten alle Gesellschaftsschichten, Arme wie Reiche: das Theater, das zur Zeit Edwards den Platz einnahm, den heute das Kino belegt. In den beliebtesten West-End-Theatern kosteten die besten Logenplätze 10 Schilling 6 Pence. Die Preise für Galerie- und Parterrebesucher lagen zwischen einem Schilling und 2 Schilling 6 Pence. Während alle herbeiströmten, um das neueste Werk von Arthur Wing Pinero zu sehen, genossen die Reichen einen Komfort, der den weniger Betuchten nicht zuteil wurde: Einige der älteren Theater beschäftigten „Packer", die so viele Menschen wie möglich in die billigeren Sitzreihen schoben. Die harten Holzbänke hatten weder Kissen noch Abtrennungen zwischen den Zuschauern.

Zu den vielen bereits gut eingeführten Theatern kamen Anfang des 20. Jahrhunderts weitere hinzu, zum Beispiel das Apollo, das Criterion und das Haymarket. Das Theater, das die größte Bewunderung erregte, wurde 1904 eröffnet. Das Coliseum, entworfen von Frank Matcham, gehörte Oswald Stoll. Es verfügte über eine dreiteilige bewegliche Bühne und einen rotierenden, elektrisch be-

leuchteten Globus auf dem Dach. Es gab Telefone, einen Botendienst, einen Briefkasten, ein Gartenrestaurant, Aufzüge und sogar eine mit Strom betriebene fahrbare Chaiselongue, die königliche Gäste vom ersten Stock in die Empfangshalle hinunterbrachte.

Die größeren Wohnviertel der Arbeiterklasse jenseits des Zentrums hatten ihre eigenen Konzerthallen und Theater, zum Beispiel das Metropole in Camberwell, die Britannia in Hoxton, das Grand in Islington und der Pavilion in Whitechapel. Letzterer war so imposant, dass man ihn zwangsläufig „das Drury Lane des Ostens" nannte.

Dank der vielen Unterhaltungsangebote konnte es sich der Kunde leisten, äußerst wählerisch zu sein. Der Konkurrenzkampf war hart, und die Theater wetteiferten miteinander, um Ansehen und ein treues Publikum zu gewinnen. Beim Herzog von York machte sich der Amerikaner Charles Frohman einen Namen, als er führende Schauspieler und Schauspielerinnen aus seiner Heimat auf die Londoner Bühne brachte. Im Dezember 1904 führte er zum ersten Mal Barries Peter Pan auf. Das Stück war von Anfang an ein Erfolg; es faszinierte Erwachsene, Kinder und Kritiker gleichermaßen, und selbst die oft

sarkastische Zeitung The Stage war so beeindruckt, dass sie Peter Pan als Stück bezeichnete, „dem niemand, weder Alt noch Jung, widerstehen kann". Die Stars waren Nina Boucicault als Peter und Gerald du Maurier als Mr. Darling und Kapitän Hook. Es gab 145 Aufführungen. Das Gaiety Theatre in der Strand – 1904 als Teil des neuen Kingsway-Projekts mit 1338 Sitzplätzen umgebaut – führte Musicals auf. Bekannter war es jedoch für die Gaiety Girls und ihre Bewunderer, die Stage Door Johnnies, die sich ein respektables Entree in die aristokratische Gesellschaft leisten konnten. Baroness Cheniston, Gräfin Dowlett und die Gräfin von Drogheda gingen aus den Reihen der glamourösen und gefragten Gaiety Girls hervor.

Selbst nach den etwas extravaganten Standards jener Zeit war das Royal Theatre in der Drury Lane für seine spektakuläre Dramatik mit Erdbeben, Schneestürmen, Schiffbrüchen und Pferderennen berühmt. Sogar Elefanten trampelten gelegentlich über die Bühne. Dan Leno, ein Star der Konzerthalle, dem der Sprung ins Theater gelang, trat jedes Jahr in Weihnachtsspielen auf, und Dame Ellen Terry feierte dort im Juni 1905 ihr Bühnenjubiläum.

Eine private Logenparty im Covent Garden Theatre (oben links) aus dem Savoy Hotel Social Calendar. Der in Japan geborene Maler Yoshio Markino malte das Strand New Gaiety Theatre (oben rechts). Hugh Thomson zeichnete 1899 die Menschenmenge (links) in den „Gods".

Gäste verlassen das Parkett des Theaters Seiner Majestät (oben links); Gemälde von Yoshio Markino. Die Cheyne Row an einem Sonntagmorgen (rechts) zeichnete Lester George Hornby. Das Bild erschien 1912 in *London, A Sketch Book* von A&C Black.

Andere würden den ständigen Lärm nie vergessen, der die Ohren betäubte – das Geräusch der Pferdehufe, das Kreischen der Straßenbahnräder auf den Metallschienen, die Schreie der Straßenverkäufer und die rauen Stimmen der Zeitungsjungen, die „Spay-shul!" oder „Orl the Winners" schrieen, um ihre Tageszeitung anzupreisen.

Und welcher Gast, der London 1904 besuchte, würde je seinen ersten Besuch in der funkelnden Halle aus Gusseisen und Glas der Royal Horticultural Society vergessen, die am 22. Juli mit Fanfaren eröffnet wurde? Oder das erste Konzert des Londoner Symphonieorchesters am 9. Juni in der Queen's Hall am Langham Place?

Schauspiele anderer Art bot der Manager Sir Herbert (Beerbohm) Tree, dessen Shakespeare-Aufführungen, vorsichtig ausgedrückt, überspannt waren. Man stelle sich diese Szenerie im *Wintermärchen* vor: „Der sizilianische und der böhmische Königshof. Weihrauchdämpfe kringeln sich um goldene Apollostatuen. Priester in weißen Umhängen singen antike Trauerlieder. Helme funkeln. Jungfrauen mit bloßen Armen umschweben goldene Sofas. Dieses Bühnenbild ist ein Wunder!" Heute mag uns das exzentrisch vorkommen, aber das damalige Publikum liebte diese Dramatik, und Tree gelang es mit solchen Extravaganzen, das Theater Seiner Majestät jeden Abend zu füllen.

### EIN LIEBEVOLLER ABSCHIED VON LONDON

Welche Bilder von London gingen dem Besucher zur Zeit Edwards durch den Kopf, während er darauf wartete, dass seine Koffer vom Hotel zum Bahnhof gebracht wurden, damit er seine lange Heimreise antreten konnte?

Natürlich waren die Eindrücke unterschiedlich. Manche Leute waren vom unerwartet bunten Treiben auf den Straßen fasziniert – vom grünen Gras und den Platanen in den königlichen Parks und den stillen Plätzen, die man vom Dach eines Omnibusses flüchtig sah, von den prächtigen rosa und grünen Blumen, die Blumenverkäufer auf dem Piccadilly Circus in leuchtend blaues Papier wickelten, und vom gelben Heu, das der Wind den Pferden entriss und über den Gehweg wehte.

Der Anblick der endlosen, eintönigen Vorstädte war bald vergessen, denn London war eine aufregende Stadt, die jeden Tag anders zu sein schien. Keine andere Hauptstadt bot eine so reichhaltige Kultur und zugleich eine derartige Vielfalt von alltäglichen Eindrücken und Geräuschen. Das Leben in London war eine intensive Erfahrung.

Der Besucher aus Hamburg oder New York, der Pendler aus Kingston und die junge Debütantin vom Land, die ihre erste Ballsaison vor sich hatte – sie alle fanden London unwiderstehlich. Mit dem Ausbruch des Krieges 1914 sollte sich das Leben unwiderruflich ändern. Die Welt brach auseinander, und eine ganze Generation junger Männer, die sorglos durch die ersten Jahre des Jahrhunderts getanzt waren, wurde ausgelöscht. Aber bis dahin würden noch zehn Jahre vergehen. Im Jahr 1904 aalte sich London noch im langen, sonnigen Nachmittag der Ära Edwards VII.

# ROSE BARTON

## 1856–1929

### COLIN INMAN

wegen nach Australien geschickt, wo es ihm gelang, ein Vermögen von 10 000 Pfund zu investieren und zu verlieren. Als er nach Hause zurückkehrte, besaß er nur noch eine Schachtel voller Schmetterlinge, ein Stück Gold und ein Indianerkostüm. Als er in diesem Aufzug einen schicken Ball besuchte, fand die Witwe Emily McCalmont, geborene Martin, an ihm Gefallen. Nach ihrer Heirat im Jahr 1853 wurde sie in der Familie Mrs. B genannt.

Im Jahr 1881 heiratete Emily Alma, Roses ältere Schwester, George Frederick Brooke, der 1903 Baronet wurde. Die meisten der zehn Kinder des Paares waren offenbar kriegerisch veranlagt und machten in verschiedenen Regimentern Karriere; doch Raymond Brooke, geboren 1885, übernahm das Weingeschäft der Familie und schrieb 1961 eine Geschichte der Familie mit dem Titel *The Brimming River* (Allen Figgis, Dublin), die immerhin spannender war als die meisten ähnlichen Werke. In diesem Buch findet man auch ein paar Informationen über seine Tante Rose. Seinen Umschlag ziert eines ihrer Aquarelle, das vermutlich eine Straße in Dublin darstellt.

Unter Roses anderen Verwandten war ihre Cousine Edith Somerville, eine Künstlerin und Schriftstellerin, besser bekannt als Koautorin von *Some Experiences of an Irish R.M.*

Rose und Emily wurden zu Hause unterrichtet, wie es jungen Damen ihres Standes gebührte. Sie hatten eine deutsche Gouvernante und lernten zeichnen und Klavier spielen. Als Babys, so berichtet Brooke, gab Mrs. B ihnen Guinness zu trinken, denn sie glaubte, Bier sei gut für den Teint.

April 21st 1907:

Rose Barton wurde am 21. April 1856 in Irland geboren. Ihr Vater war Augustine Barton von Rochestown bei Cahir in der Grafschaft Tipperary. Er lebte wie ein Gentleman vom Lande, obwohl er offiziell als Anwalt zugelassen war. In seiner Jugend wurde er seiner Gesundheit

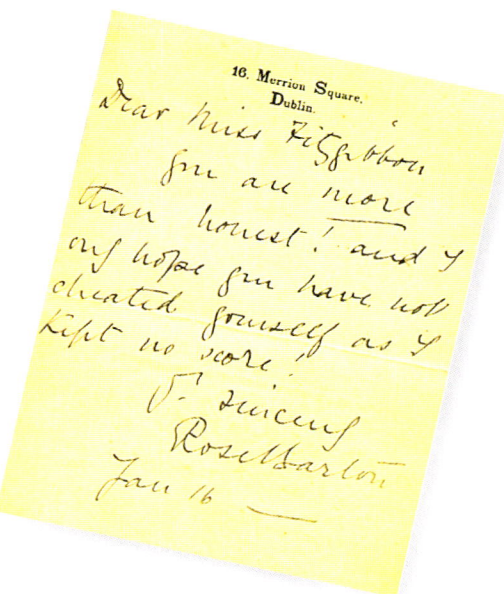

Ein Brief mit einer Dubliner Anschrift, unterschrieben von Rose Burton (oben). Er handelt fast mit Gewissheit von Gewinnen beim Kartenspiel.

Diese Zeichnung von Rose Burton auf einem Angelausflug (links) trägt das Datum 21. April 1907. Dies ist das einzige bekannte Porträt der Künstlerin.

College Green, Dublin (rechts), 1887 gemalt. Es ist unklar, wann Rose Barton *Ein stiller Hafen in der Dämmerung* (unten) malte. *Ein sonniges Kornfeld* (unten rechts) entstand 1887.

Die Mädchen wurden 1872 dem Hof vorgestellt und brachten die übliche Saison aus Dinnerpartys, Tänzen, privaten Theateraufführungen und Jagdbällen hinter sich. Rose soll einige Male auf die Jagd gegangen sein. Augustine Barton starb 1874, und im folgenden Winter brachte seine Witwe die beiden Töchter nach Brüssel, wo sie im Malen und Zeichnen unterrichtet wurden. Dann reisten sie rheinaufwärts und hielten sich längere Zeit in der Schweiz auf.

Bald danach, schreibt Brooke, hatte Rose eine unglückliche Liebesaffäre mit einem hochverschuldeten jungen Mann. Der Verdacht liegt nahe, dass diese Affäre sich vor der langen Reise durch den Kontinent abspielte und nicht hinterher, wie Brooke andeutet. Aber Tante Rose sah den jungen Mann nie wieder, weil er an „einer Art Fieber" erkrankte und innerhalb von sechs Monaten starb. Daraufhin beschloss sie Brooke zufolge, sich beruflich auf die Malerei zu konzentrieren. Das tat sie bis in die zwanziger Jahre. Sie organisierte zahlreiche Ausstellungen und hielt „mehrere sehr erfolgreiche eigene Einmann-Shows ab".

Eine ihrer näheren Bekannten in den siebziger Jahren war Mildred Anne Butler (1858-1941) aus dem benachbarten Kilmurry. Die Familien schickten Mildred und Rose nach Paris, um bei Henri Gervex Kunst zu studieren. Dieser Salonmaler besaß ein erfolgreiches Lehrstudio. Rose studierte auch in London bei Paul Naftel. Ihre erste Ausstellung hatte sie 1878 in Dublin in der Royal Hibernian Academy. 1880 zeigten auch die Dudley Gallery und die Society of Lady Artists Bilder von ihr. Sie reiste weiter zwischen London und Dublin hin und her, bevor sie 1903 in die Park Mansions 79 in Knightsbridge zog, wo sie bis zu ihrem Tod lebte.

Rose Barton wurde 1886 zum außerordentlichen Mitglied der Society of Lady Artists und 1893 zum außerordentlichen Mitglied der Royal Society of Watercolour Painters gewählt. Erst 1911 wurde sie Vollmitglied der RWS.

Ihre erste wichtige Ausstellung hatte sie 1893 in der Japanese Gallery in der New Bond Street, wo sie 60 Londoner Motive zeigte, darunter wohl auch viele Bilder, die später in Familiar London veröffentlicht wurden.

Zeitgenössische Kritiker verglichen ihr Werk mit dem von Herbert Marshall, der für A&C Black The Scenery of

St.-Auden-Bogen (oben links), Kildare Street Club und
Nassan Street (oben rechts) sowie *Eine schmale Gasse
mit Blick auf die Church Street* (unten rechts) wurden in
Gerards *Picturesque Dublin Old and New* veröffentlicht,
dem einzigen anderen Buch, das Rose Barton illustrierte.
*Ein Abend auf dem Fluss Liffey mit der St.-Johannes-Kirche
in der Ferne* entstand 1905 (unten links).

*Winterabend in Dublin* (oben rechts) lautet der Titel dieses Gemäldes aus dem Jahr 1891. Parks Place, Knightsbridge (unten), entstand 1916.

London illustrierte, das 1905 herauskam. Sie wurde auch für ihre Darstellung eines Londoner Nebels gelobt, von dem sie fasziniert war, wie sie in ihrem Buch eingestand.

Im Jahr 1808 illustrierte sie Francis Gerards Picturesque Dublin Old and New (London 1898). Unter den Bildern waren 91 grau lavierte Federzeichnungen der Stadt, die monochrom gedruckt wurden.

Eine viel ausführlichere Besprechung ihres Werkes brachte Familiar London, das 1904 bei A&C Black erschien. Darin waren 61 ihrer Gemälde in Farbe reproduziert. Außerdem schrieb sie den Text zu diesem Buch. Die Nachfrage war offenbar enttäuschend, denn es gab keine Neuauflage. Zudem wurden keine anderen Bücher veröffentlicht, in denen sie als einzige Illustratorin genannt wurde, obwohl A&C Black ihre Illustrationen und die Bilder anderer Künstler in mehreren nachfolgenden Büchern abdruckte. Wenngleich ihre Bilder im Laufe der

nächsten zwanzig Jahre zunehmend aus der Mode kamen, stellte sie noch ab und zu aus.

Sie verbrachte den Rest ihres Lebens in Knightsbridge in Gesellschaft einer Krankenschwester. Ihre jüngeren Verwandten, von denen die meisten Kinder ihrer Schwester waren, behielten sie in liebevoller Erinnerung. Raymond Brooke erinnert sich daran, dass er und seine Geschwister oft einen Tag bei Tante Rose in London blieben, wenn sie zur Schule oder von dort nach Hause fuhren. Als sie einmal im Zoo waren, sahen sie „einen Affen, der aus irgendeinem Grund keine Frauen mochte und den man keinesfalls ärgern durfte – das stand auf einem Schild am Käfig. Tante Rose stellte sich vor den Käfig und öffnete ihren Schirm, worauf der Affe sie wutentbrannt mit Bällen aus Sägespänen bewarf. Damals und natürlich bis ans Ende ihres Le-

bens, war sie eine überaus angenehme Begleiterin." Und sie war, so scheint es, etwas ausgelassener, als man es von einer unverheirateten Tante erwarten sollte.

Zu den Fertigkeiten, die man ihr als Kind beibrachte, gehörte auch das Whistspiel. Später liebte sie Pikett, und Bridge spielte sie bis ans Ende ihres Lebens. Sie war eine gute Backgammonspielerin und nahm arglosen jüngeren Gegnern oft Geld ab. Zudem wettete sie auf Pferde, und Raymond Brooke berichtet, er habe als Testamentsvollstrecker am Montag nach ihrem Tod ihrem Buchmacher 3 Pfund zahlen müssen. In ihren letzten Jahren litt Rose Barton unter Asthma. Sie starb am 10. Oktober 1929 in ihrem Haus in Knightsbridge.

Vieles, was von ihrem Leben überliefert wurde, ist zweifelhaft. Lobend erwähnen muss man jedoch Artikel von Charles Nugent von der Aquarellabteilung bei Christie's und von Rebecca Rowe im Katalog einer Ausstellung, die 1987 in Irland und London Rose Bartons Gemälde zeigte.

Diese Ausstellung, zu der auch viele Bilder gehörten, die in *Familiar London* als Illustrationen erschienen, trugen dazu bei, das Interesse an ihrem Werk wiederzubeleben. Das Gleiche gilt für eine Auktion bei Christie's in Elveden Hall im Jahr 1984, bei der unter anderem viele Bilder angeboten wurden, die früher Lord Iveagh, einem Freund der Familie, gehörten.

In den letzten Jahren wurden die wenigen Gemälde von Rose Barton, die man versteigerte, für überraschend hohe Beträge verkauft. Im Dezember 2005 erzielte ein Aquarell, das jahrzehntelang in einem Gartenschuppen gehangen hatte, bei einer Kunstauktion in Gloucestershire 8800 Pfund. Den bisher höchsten Preis für ein Bild von Rose Barton, 17 000 Pfund, erzielte Sotheby's mit einem bezaubernden Aquarell eines kleinen Mädchens.

Das stimmungsvolle Bild des Westminster Abbey (oben links) ist undatiert. *Hyde Park Corner mit der Gardekavallerie an einem regnerischen Tag* entstand 1918.

# MARLBOROUGH HOUSE: THRONFOLGER GEORGE SCHAUT DEN SCHOTTISCHEN GARDESOLDATEN ZU

Die Gardesoldaten in ihren flotten scharlachroten Uniformen sind heute noch ein vertrauter Anblick.

Rose Bartons romantisches Gemälde zeigt den zwei Jahre alten Prinzen George Edward, das fünfte Kind des künftigen Königs George V. (Sohn Edwards VII.). Zu seinen ursprünglichen Titeln gehörten Prinz von Sachsen-Coburg und Gotha sowie Herzog von Sachsen; aber diese wurden 1917 gestrichen. 1934 wurde er Herzog von Kent, Graf von St. Andrews und Baron Downpatrick. Hier sitzt er auf einer Mauer von Marlborough House, das zwischen 1709 und 1711 für Sarah, die Herzogin von Marlborough, gebaut wurde. Fast 250 Jahre lang war es eine königliche Residenz; heute ist es ein Commonwealth-Zentrum der britischen Regierung. Die Grabsteine der Hunde Muff, Tiny und Joss sowie von Benny the Bunny befinden sich immer noch im Garten. Die Tiere gehörten Königin Alexandra, die nach König Edwards VII. Tod von 1910 bis 1925 dort lebte.

Fasziniert beobachtet der junge Prinz die schottischen Gardisten, die unter ihm marschieren. Ihr Bataillon wurde 1642 von

Karl I. gegründet, um eine Rebellion der Iren niederzuschlagen, die sich gegen schottische Siedler wehrten. Diese Truppen waren dem Herrscher immer eng verbunden. Karl I. wollte zunächst selbst nach Ulster gehen, und die Schotten sollten seine königliche Wache sein. Heute gehören sie zu den Gardesoldaten, welche die Ehre haben, die Königin zu schützen. Alle fünfzig Jahre kann man dieses historische Bataillon an der Horse Guards Parade bei der Fahnenparade sehen, bevor es den Gruß der Monarchin empfängt. In letzter Zeit haben schottische Gardisten im Irak gedient und sind im Mai 2005 unversehrt zurückgekehrt.

# WESTMINSTER

Nach seiner Zerstörung im Jahr 1834 bei einem Brand wurde der Westminster-Palast nach einem Entwurf des Architekten Sir Charles Barry im gotischen Stil neu erbaut.

Der Glockenturm – allgemein, wenn auch ungenau Big Ben genannt – wurde 1858 als einer der letzten Teile des Westminster-Palastes vollendet. Big Ben heißt eigentlich die Glocke, die zusammen mit der Uhr im folgenden Jahr eingeweiht wurde. Die Glocke hängt in einem Gestühl mit einem Durchmesser von 7 Metern. Der Minutenzeiger ist 4,30 Meter lang, und die Figuren sind 61 Zentimeter hoch. Big Ben selbst wiegt über 13 Tonnen. Wer „Big Ben" war, ist ungewiss. Manche meinen, er sei Sir Benjamin Hall gewesen, der Leiter des Festungsbauwesens. Andere führen den Namen auf Benjamin Caunt zurück, einen populären zeitgenössischen Amateurboxer, der Kneipier des „Coach and Horses" in der St. Martin's Lane war und 114 Kilogramm wog.

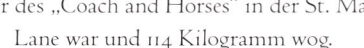

Die jährliche zeremonielle Eröffnung des Parlaments geht auf die Einweihung des wieder aufgebauten Westminster-Palastes im Jahr 1852 zurück. Edward VII. – dem das Ansehen der Monarchie immer am Herzen lag – steigerte den Pomp noch, als er 1901 König wurde. Er ersetzte den einzelnen Thron durch einen Doppelthron für sich und Königin Alexandra.

Das Parlament stand im Mittelpunkt der Sufragetten-Kampagne für das Frauenwahlrecht. 1908 schmuggelten sie eine Fahne in die Galerie des Unterhauses und entfalteten sie vor den schockierten Abgeordneten.

# KUTSCHENRENNEN IM HYDE PARK

Seit dem 17. Jahrhundert, als die Könige Karl I. und II. den Hyde Park der Öffentlichkeit zugänglich machten,
gehen adlige und modebewusste Menschen dorthin, um sich der Welt zu präsentieren.

Im Hyde Park fanden auf dem Drive Kutschenrennen statt. 1896 sah man dort „endlose Reihen von prächtigen Equipagen, gezogen von den edelsten Pferden, die man für Geld kaufen kann, und besetzt mit den bestangezogenen und schönsten Frauen der Welt, die hier zu bestimmten Zeiten fahren". Das Reiten oder Fahren im Hyde Park war eine wichtige Prüfung für die Etikette und das savoir faire. Mitglieder bekannter Adelsfamilien lernten schon als Kinder reiten, und zwar in korrekter Kleidung. Neuzugänge in der Oberschicht – jene, die ihr Geld erst vor Kurzem erworben hatten, meist als Händler – mussten ebenfalls formvollendete Reiter werden, um ein gutes Pferd zu erwerben (wahrscheinlich in einem der vielen Ställe in der Nähe des Hyde Parks) und sich und ihre Diener angemessen zu kleiden.

Ehrgeizige Fahrer hofften, in den exklusiven Kutscherclub aufgenommen zu werden, der im Hyde Park jedes Jahr vier Treffen abhielt. Das waren prunkvolle Ereignisse. „Alles blitzte vor Sauberkeit", schrieb ein Beobachter. „Die Livreen passten den Pferdeburschen wie angegossen, und ihre mit Kokarden geschmückten Zylinder und feschen Stulpenstiefel waren geputzt und poliert worden, bis sie wie Spiegel in der Sonne glänzten. Die Farben der Livreen passten zu denen der Kutschen: dunkles Mahagoni, Dunkelblau, dunkles Olivgrün, Kastanienbraun und so fort …"

# ROTTEN ROW

Die Rotten Row an der Südseite des Hyde Park erhielt ihren Namen angeblich von *Route du Roi*,
der Straße, die William III. auf seinen Fahrten vom Kensington-Palast nach Westminster benutzte.

Ende des 17. Jahrhunderts ließ William III. die Rotten Row zum Schutz vor Straßenräubern und Wegelagerern mit 300 Öllampen beleuchten – mit mäßigem Erfolg, da Räuber im Jahr 1749 den Schriftsteller Horace Walpole um seine goldene Uhr und acht Guineen erleichterten. Im 19. Jahrhundert bis ins 20. hinein war die Rotten Row eine Straße für Reiter. Baedekers *London*, Ausgabe 1911, berichtete: „In der Row führen zahlreiche Reiter der faszinierten Menge, die an den Seiten sitzt oder geht, stolz ihre temperamentvollen und glänzenden Rosse vor. An schönen Sonntagen ist die ‚Kirchenparade' zwischen dem Morgengottesdienst und dem Mittagsmahl ... eine der besten Modenschauen Londons."

Die *beau monde* frequentierte die Row, die *demi-monde* ebenfalls. Gut angezogene, berittene Edelprostituierte, im Volksmund Zureiterinnen genannt, fanden dort viele Freier. Eine von ihnen, ein

Mädchen aus Liverpool namens Catherine Walters, die einen Fuchs ritt, wurde die Geliebte von Lord Hartington, dem Erben des Herzogs von Devonshire. Bald war sie auch die Herrin eines Hauses in Mayfair und hatte ein Jahreseinkommen von 2000 Pfund.

Wie immer war Schicklichkeit wichtig. Im Jahr 1908 empörte sich Edward VII. sehr über Frauen, die im Park keinen Damensattel benutzten. Die Polizei und die Regierung wurden eingeschaltet. Offiziell konnten sie nichts tun, um den Wunsch des Monarchen zu erfüllen – doch er behielt das letzte Wort, weil er von der königlichen Jacht aus verkünden ließ, „dass Damen, die im Park wie Männer reiten, bei Hofe nicht zugelassen sind".

# LUDGATE HILL

Ludgate Hill ist einer der drei uralten Hügel Londons. Die anderen sind Tower Hill und Cornhill.

Ludgate Hill verdankt seinen Namen Lud Gate, das wahrscheinlich die Römer als Eingangstor zu einem ihrer großen Friedhöfe in der Fleet Street bauten. Nach dem Volksglauben wurde das Tor jedoch 66 v. Chr. von Lud, dem König der Briten, errichtet. Einst zierte eine Statue des mächtigen Herrschers das Tor; heute steht sie vernachlässigt und einsam in einer „schäbigen kleinen Nische" im Eingang von St. Dunstan in the West in der Fleet Street, wo sie langsam zerbröselt.

Natürlich sind die Spuren der Römer in diesem Teil Londons überall zu sehen. Als Sir Christopher Wren St. Martin nach dem Großen Feuer von 1666 auf dem Ludgate neu erbaute, entdeckte er den Grabstein eines römischen Legionärs namens Vivius Marciarnus, errichtet von „seiner ihm treu ergebenen Frau" Januaria Martina. Und Wrens Meisterwerk, die St.-Pauls-Kathedrale, wurde angeblich über einem antiken römischen Tempel gebaut, der Diana, der Göttin des Mondes und der Jagd, geweiht war.

Die Eisenbahnbrücke wurde 1865 von der London, Chatham and Dover Railway gebaut, um den Bahnhof Ludgate Hill zu erreichen, dem neuen Epizentrum der Pendler, die aus den damals weit entfernten grünen Vorstädten wie Tottenham, Richmond, Enfield und Crystal Palace kamen. Ein Schild an der Brücke erinnert an Englands erste Tageszeitung, die *Daily Courant*, die Edward Mallett 1702 in seinen Geschäftsräumen „am Kanal bei der Fleet Bridge" herausgab. Wie viele andere einst nützliche Bahnhöfe ist Ludgate Hill jetzt geschlossen.

C. 52810. LONDON. LUDGATE HILL & ST PAULS.

# REGNERISCHER TAG AM GROSVENOR PLACE

Die Familie Grosvenor besitzt seit 1677 zwei große Anwesen. Eines von ihnen
liegt in einem der nobelsten Teile von Westminster.

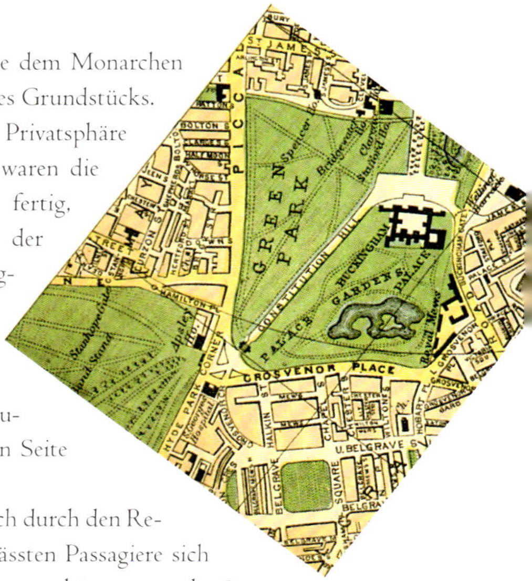

Nur wenige Krankenhäuser hatten die Reformation im 16. Jahrhundert überstanden, da sie von der Kirche betrieben wurden. Deshalb wurden in England eine Menge Hospitäler gebaut und im Geiste der Philanthropie von den Reichen gestiftet. Eines davon war das erste Gebäude auf dem Grosvenor Place, das Lock Hospital für Geschlechtskrankheiten (1746). Es war für Frauen bestimmt, die „an Krankheiten leiden, welche sie sich durch üblen Lebenswandel zugezogen haben". Das Bauwerk wurde 1846 niedergerissen, vier Jahre nachdem das Krankenhaus in die Harrow Road umgezogen war.

George III. hatte 1762 das nahegelegene Harrow House für 28 000 Pfund gekauft und wehrte sich entschieden dagegen, dass die Grosvenors eine Reihe von Häusern bauten, die einen Blick auf sein Anwesen ermöglichten. Der Schatzkanzler ließ sich jedoch vom königlichen Ärger

nicht beeindrucken und verweigerte dem Monarchen die 20 000 Pfund für den Erwerb des Grundstücks. Von 1767 an hatte George III. keine Privatsphäre mehr. Mitte des 19. Jahrhunderts waren die Bauten auf dem Grosvenor Place fertig, und auch der Buckingham-Palast, der grandiose Ersatz für das Buckingham House, war vollendet. Dieser Palast, dessen Bau George IV. 1819 veranlasste, kostete enorme 700 000 Pfund. Ihn schützt eine Mauer entlang der gesamten königlichen Seite des Grosvenor Place.

Der Pferdebus, der sich beharrlich durch den Regen kämpft, während seine durchnässten Passagiere sich auf dem Oberdeck vor den Elementen schützen, wurde 1829 von George Shillibeer in London eingeführt (er hatte ihn in Paris gesehen). 1919 zogen treue Pferde ihre Passagiere zum letzten Mal durch Londons Straßen.

# UNTER DER HUNGERFORD BRIDGE

Die Hungerford Bridge wurde gebaut, um Charing Cross im West End mit dem Südufer der Themse zu verbinden.

Die Hungerford Bridge, die Rose Barton malte, überquerte den Embankment und war die zweite Brücke an diesem Ort. Der große Ingenieur Isambard Kingdom Brunel hatte in den 1840er Jahren eine erste Zollbrücke errichtet, die nur für Fußgänger bestimmt war und den alten Obst- und Gemüsemarkt von Hungerford – 1833 neu gebaut, weil der alte Markt aus dem Jahr 1682 der Konkurrenz des Covent Gardens nicht gewachsen war – mit dem Südufer der Themse verband. Brunels frühe Brücke war ein kreativer Erfolg – James McNeill Whistler malte sie, und William Henry Fox Talbot fotografierte sie –, aber eine kommerzielle Pleite. Das lag vielleicht daran, dass Fußgänger den grauenhaften Gestank der verschmutzten Themse verabscheuten, der manchmal sogar die Parlamentarier aus dem Westminster-Palast vertrieb.

1860 wurde der Hungerford-Markt abgerissen, um dem Bahnhof Charing Cross zu weichen. Sir John Hawkshaw ersetzte Brunels Brücke durch eine Eisenbahnbrücke aus gusseisernem Gitterwerk mit neun Bögen. Heute erhebt sich an beiden Seiten von Hawkshaws Brücke wieder eine Hängebrücke für Fußgänger, wie ein Phoenix in verblüffend zeitgenössischer Form. Die neue, spektakuläre Fußgängerbrücke, die im Mai 2002 eingeweiht wurde, konstruierten Alex Lifschutz und Ian Davidson.

Rose Barton konzentriert sich auf die Pferdedroschken, die an der Straßenseite auf Kunden warten. 1860 gab es dort über 11 500 Droschken, und der Verkehrsstau in London wurde so schlimm, dass die Polizei die Kutscher zwang, sich wie auf dem Bild in einer Reihe aufzustellen, bis jemand sie rief.

# HEISSER NACHMITTAG IN DER PICCADILLY

Ein Kutscher wartet in der noblen Piccadilly auf Kunden. In dieser Straße wohnten im 19. Jahrhundert
Berühmtheiten wie Lord Byron und der Herzog von York.

Die Piccadilly war ursprünglich eine von den Römern gebaute Straße, die im Westen aus London hinausführte und von der freien Natur umgeben war. Anfang des 17. Jahrhunderts erwarb ein Schneider namens Robert Baker einen enormen Reichtum mit einem steifen Kragen, den man „picadil" nannte. Mit dem Geld kaufte er Land nördlich des Gebietes, das heute Piccadilly Circus heißt, und baute dort ein großes Haus, dem man den Spitznamen Piccadilly Hall gab. Mitte des 18. Jahrhun-

derts war die Straße allgemein als Piccadilly bekannt. Der dösende Kutscher am Green Park scheint eine Droschke vom 1836er-Typ zu fahren. Diese verbesserte Version von Joseph Harrisons Patent aus dem Jahr 1834 hatte ein Dachfenster, durch das der Kutscher sich mit seinen Passagieren unterhalten konnte. Vielleicht war dieser Mann nur schläfrig; aber er hatte einen schweren Beruf, und da die Kutscher in der Mitte der viktorianischen Ära auch als starke Trinker bekannt waren, schlief dieser hier möglicherweise seinen Rausch aus. Einige sozial eingestellte Adelige, darunter der Graf von Shaftesbury, ließen Unterstände bauen, wo die Kutscher sich mit einer billigen Mahlzeit und einem — selbstverständlich alkoholfreien — Getränk erfrischen konnten. Da diese Unterstände sich auf einer öffentlichen Straße befanden, durfte keiner größer als eine Pferdedroschke sein. Dennoch brachten sie eine Küche und etwa zehn Gäste unter. Einige dieser beliebten hölzernen Häuschen mit ihrer typischen dunkelgrünen Farbe sind erhalten geblieben und stehen unter Denkmalschutz.

# NEBLIGER ABEND IN DER BROMPTON ROAD

Anfang des 20. Jahrhunderts war die Brompton Road Londons beliebtestes Einkaufszentrum.

Harrods begann 1834 im East End als Lebensmittelgroßhändler mit einer Teeabteilung. 1849 verlegte Charles Harrod das Geschäft in das viel profitablere Knightsbridge. Die Weltausstellung des Jahres 1851 war ein Segen für den Gründer, und der Umsatz zog kräftig an. Im Laufe der Jahre forderten jedoch Brände ihren Tribut. Die Familie kaufte Grundstücke hinzu und baute das Haus wieder auf. Das neue Geschäft, von 1901 bis 1905 errichtet, beherrschte den Horizont am Ostende der Brompton Road. Das prunkvolle Terrakotta-Kaufhaus mit üppigem Dekor im Jugendstil übertraf seinen Ehrgeiz, „alles für alle und überall" zu verkaufen. „Alles" schloss Häuser, Jachten und sogar Begräbnisse ein. Die Kunden waren den kühnen Stil des Hauses bereits gewohnt, nachdem 1898 im vorigen Gebäude (am selben Ort) die erste Rolltreppe der Welt eingebaut worden war. Harrods war auch eines der ersten Kaufhäuser, die ihren Kunden Kredite einräumten – aber diese Kunden waren beispielsweise Oscar Wilde, Ellen Terry, Lilly Langtry.

Zu Harrods Nachbarn gehörten Harvey Nichols und zahllose kleinere Geschäfte, die alle die wohlhabende Mittel- und Oberschicht der Hauptstadt bedienten. Die Einweihung der Piccadilly-Linie der U-Bahn im Jahr 1906 kurbelte das Geschäft an. Die Brompton Road hatte ihren eigenen Bahnhof, der 1934 geschlossen wurde, als man den Eingang zum Bahnhof Knightsbridge näher an Harrods heran verlegte.

Wenn die Kauflaune nachließ, lockten die Schätze im nahen Victoria and Albert Museum. 1909 wurden diese ins prachtvolle und teure neue Museumsgebäude gebracht, das König Edward VII. einweihte.

# ECKE BOND STREET:
# BLICK AUF OXFORD STREET

Seit ältester Zeit versorgt die demokratische Oxford Street ihre Käufer – Reiche, weniger Reiche und Arme –,
während die Bond Street immer Luxuswaren und edlen Schmuck für die Superreichen angeboten hat.

Noch im Jahr 1700 beschrieb der Naturforscher und Schriftsteller Thomas Pennant die Oxford Street als „tiefe, hohle Straße voller Pfützen mit ein paar schmuddeligen Häusern, ein Ort, an dem Halsabschneider lauern". Dann kam der Fortschritt: Das Pantheon, „ein verzauberter Ort", in dem Konzerte, Ausstellungen und Maskenbälle stattfanden ... die Drogerie, in der de Quincey Opium kaufte ... das Theater der Prinzessin, zu Ehren von Königin Victoria so benannt.

Ende des 19. Jahrhunderts hatte sich das Chamäleon Oxford Street erneut verändert. Jetzt wurde die Straße von kleinen Läden beherrscht

– Stoffhändler, Obsthändler und Schuhmacher. Diese wichen ihrerseits Kaufhäusern wie Selfridges, das 1909 eröffnet wurde und heute noch die Straße dominiert. Straßenhändler verkauften billige Wegwerfware und Obst.

Während die Händler der Oxford Street die Massen bedienten, erfüllten jene in der Bond Street die ausgefallensten Wünsche der Schickeria und der Superreichen. Im anmutig-luxuriösen Dog's Toilet Club konnten Damen ihre Hunde abgeben und dann einkaufen gehen. Beflissene hemdsärmelige Diener mit Hosenträgern badeten die Tiere in Zinnwannen, trockneten, bürsteten, kämmten sie und fütterten sie dann mit Leckerbissen. Wenn die Damen zurückkehrten, kauften sie für ihre Lieblinge ein neues Gewand. 1896 war der „Lonsdale" beliebt, ein bezaubernder maßgeschneiderter Mantel aus rehbraunem Stoff, gesäumt mit dunkelroter Seide, dazu ein Umhang aus dem gleichen Stoff und entzückende Rüschen um den Hals. Zwei goldene Glöckchen und ein Pelzhalsband, das zum Pelzkragen der Herrin passte, rundeten das Ganze ab.

# EINE PRISE SALZ

Rose Barton hatte eine erfrischend unbefangene Einstellung zu Kindern – ohne süßlich-sentimentalen Beigeschmack wie in der Mittelschicht.

Tauben gehörten zum Londoner Leben und waren in Rose Bartons Zeit beliebter als heute. Jedermann fütterte sie: die Arbeiter, die im Kirchhof von St. Paul's zu Mittag aßen, und das Mädchen auf diesem Bild. Rose liebte Kinder – zum Glück, denn die Kleinen nervten sie mit Sicherheit, sobald sie ihre Staffelei aufstellte und ihre Farben hervorholte. Als sie eines Tages im Hyde Park zeichnete, bemerkte sie einen kleinen Jungen, der auf einen Baum kletterte, um Eier aus einem Taubennest zu holen. Bestechung war die einzige Möglichkeit, ihn daran zu hindern; also bot sie ihm sechs Pence an, wenn er nur zwei Eier raubte. Er nahm die Eier, kletterte hinunter, bekam das Geld und ging lachend mit seinen Freunden weiter. „Die Jungen kicherten ausgelassen", schrieb sie, „und einige Zeit später erfuhr ich, dass in einem Taubennest nie mehr als zwei Eier liegen."

Rose nutzte Londoner Kinder als Modelle, und die Kleinen freuten sich darüber. Sie gehörten zur Arbeiterklasse und wurden von älteren Schwestern beaufsichtigt, die man nur selten mit einer Puppe sah, wenn sie ihr siebtes Lebensjahr überschritten hatten – dann wurden sie zu Kindermädchen.

Kaum hatte Rose sich niedergelassen, war sie von kleinen Kritikern umringt. „Ein Junge schaute mir einmal aufmerksam zu (ich glaube, eine gute Stunde lang) – in stummer Bewunderung, dachte ich. Dann tauchte einer seiner Kumpels auf und meinte: ‚Nicht schlecht, was?' ‚Weiß nicht', sagte mein Kritiker. ‚Es sieht jetzt besser aus als vorhin. Vor einer halben Stunde hättest du das nicht für möglich gehalten.'"

# FRÜHLING

Rose Bartons Bild zweier sehr kleiner Kinder, die aufmerksam die Narzissen in einem Londoner Park betrachten,
ist eine perfekte Darstellung des 19. Jahrhunderts und erinnert an die illustrierten Bücher jener Zeit.

Das goldene Zeitalter der Kinderbücher war eine reiche Quelle, aus der Künstler schöpfen konnten. Bekannte Beispiele sind Christina Rossettis *Sing-Song: A Nursery Rhyme Book* (1872) und Charles Kingsleys *Water Babies* (1862).

Lewis Carrolls *Alice im Wunderland*, 1865 veröffentlicht, hatte den größten Einfluss. Geschichten und Gedichte für Kinder handelten jetzt von fantastischen Abenteuern mit seltsamen Gestalten und Ereignissen, welche die Fantasie auf ganz neue Weise fesselten. Ebenso bedeutsam waren die Illustrationen in den Kinderbüchern, die Sir John Tenniel mit seinen Zeichnungen in den Alice-Büchern als Kunstform einführte. Aber es war Kate Greenaway, deren Bilder das sorglose Leben der viktorianischen Kinder am besten einfingen. Ihr erstes Buch mit Versen, *Under the Window*, 1879 veröffentlicht, zeigte Kinder in idyllischer Umgebung mitten unter Blumen und Vögeln. In den 1880er und 1890er Jahren erfreuten sich nur zwei andere einer ähnlichen Beliebtheit. Walter Crane (1845-1915), ein einflussreiches Mitglied der Künstlergemeinde, begann 1864 Kinderreime zu illustrieren und wurde für seine Bilder zu *The Frog Prince* (Der Froschkönig) und die wundervolle Ausgabe der *Household Stories from Grimm* (Märchen der Gebrüder Grimm) berühmt. Die ersten Weihnachtsbü-

cher von Randolph Caldecott (1846–1886) waren ein derartiger Erfolg, dass er bis zu seinem Tod jährlich zwei weitere Bücher herausbrachte. *Peter Pan* von J. M. Barrie, 1902 veröffentlicht, *Der Wind in den Weiden* (1908) von Kenneth Grahame und *Der Geheime Garten* (1911) von Frances Hodgson Burnett wurden Klassiker der Kinderliteratur und sind heute noch sehr populär.

Die vollkommene literarische Welt zur Zeit Eduards VII. lebte in A.A. Milnes *Pu der Bär*-Büchern fort, die in den zwanziger Jahren verlegt wurden, als der schreckliche Erste Weltkrieg die Unschuld der alten Zeit bereits zerstört hatte.

# ISTHMIAN CLUB, PICCADILLY

Die Straßen rund um Piccadilly und St. James – einen kurzen Spaziergang vom Green Park entfernt – waren
das Clubland Londons zur Zeit Edwards VII.

Die Zeit Edwards VII. war in London die große Ära der Herrenclubs. Dort konnte man für einen Jahresbeitrag von zehn Guineen billig essen, in der Bibliothek rauchen, im Lehnstuhl dösen oder sogar wohnen – betreut von ausgebildeten Dienern, die den Gast ankleideten und rasierten, sowie von Türhütern, die seine Verwandten abwimmelten.

Der Reform Club (für Beamte), der Carlton (für Konservative) und das Athenaeum (für Bischöfe) rühmten sich einiger der auffälligsten Gebäude Londons und beherrschten das Stadtbild beim Pall Mall. Clubs wie Boodle's und White's in der St. James Street, wo die reichsten Playboys nächtelang mit dem Prinzen

von Wales spielten, bevor er Edward VII. wurde, aber auch exotischere – wie der Oriental oder der Travellers – ermöglichten es der oberen Mittelschicht, sich wie Junggesellen zu benehmen, und stießen daher auf den unerbittlichen Widerstand der Frauenzeitschriften. Es gab auch Clubs für Jüngere, zum Beispiel den Junior United Service, und für Sportbegeisterte, etwa den Turf. Alle hatten ihren eigenen Stil, große Treppenhäuser, Türgriffe aus Messing und bequeme Sessel. Damals war der Humorist P.G. Wodehouse jung, und seine fiktiven Clubs – darunter der berüchtigte Junior Ganymede für die Kammerdiener der Gentlemen – haben von der Atmosphäre der damaligen Clublandschaft manches bewahrt.

Der Isthmian Club in der Piccadilly 105 belegte die Gebäude, die früher Hertford House hießen. Sie waren 1850 im italienischen Stil gebaut worden und beherbergten die Kunstsammlung des vierten Marquis von Hertford, die später den Grundstock für die Sammlung Wallace (ein genialer Einfall seines unehelichen Sohnes) am Manchester Square bildete. Der Club wurde 1882 eröffnet und war Mitgliedern vorbehalten, die eine Privatschule oder Universität besucht hatten. Er warb vor allem um Liebhaber des Krickets und des Ruderns.

# SEGELBOOTE AUF DER SERPENTINE

Die Serpentine wurde geschaffen, als Königin Caroline, die Frau Georges II., ein Landschaftsprojekt ins Leben rief,
das einen majestätischen Hintergrund für den Kensington-Palast schaffen sollte.

Die Serpentine – der Teil in den Kensington Gardens heißt Langes Wasser – entstand, als man elf natürliche Teiche im Fluss Westbourne, der durch den Park in die Themse fließt, auf Anweisung von Königin Caroline, der Frau Georges II., im Jahr 1730 eindämmte. Seit 1847 fuhren darin Boote, und auch Eislaufen und Angeln wurden erlaubt. Anfangs waren die Bootsfahrten nicht immer idyllisch – der Westbourne war mit Abwässern verschmutzt, und eine dicke, stinkende Schlammschicht lagerte sich an. Ende der 1860er Jahre wurde das Problem gelöst, indem man den Fluss in Rohre zwang und den See mit Regenwasser und einer Oberflächenentwässerung versorgte.

Bis in die 1930er Jahre durften lediglich Männer und Jungen dort baden, aber nur vor 8 Uhr und nach 19.30 Uhr. Dies war für gewöhnliche Leute eine der wenigen Gelegenheiten, die Einrichtungen des Hyde Park zu genießen. Der *Baedeker* bezeichnete sie als Horde von Männern und Knaben, „meist sehr schlicht gekleidet ... die sich ausziehen und ins Wasser springen, wo ihre lauten Schreie und ihr herzhaftes Lachen ihre Freude bezeugen". Beide Geschlechter durften schwimmen, als 1931 das „Serpentine Lido" eröffnet wurde. Der Serpentine-Schwimmclub, gegründet 1864, ist immer noch aktiv. Seine Mitglieder schwimmen täglich von 6.30 bis 9.30 Uhr und veranstalten an jedem ersten Weihnachtstag ein legendäres 100-Yard-Rennen, obwohl die Wassertemperatur meist unter 4 °C liegt.

# KREUZUNG HYDE PARK CORNER

Hyde Park Corner war immer eine wichtige und belebte Kreuzung. Ursprünglich stand dort ein Zolltor, das den Zugang nach London vom Westen her ermöglichte.

Diese wundervolle steinerne Schranke wurde 1826 bis 1829 nach den Plänen von Decimus Burton als formeller Eingang zum Hyde Park errichtet. Sie war Teil eines großen Projekts, das nach dem Bau des Buckingham-Palastes in den 1820er Jahren verwirklicht wurde, Aspley House (rechts vom Tor), das Heim des Herzogs von Wellington, war als „No. 1 London" bekannt, denn es war das erste Haus östlich des Zolltores. Die griechischen Säulen des Tores stehen im Kontrast zum römischen Stil des anderen architektonischen Meisterwerkes an der Hyde Park Corner: Constitution Arch, besser bekannt als Wellington Arch. Dieser Bogen, ebenfalls ein Werk von Decimus Burton, erinnert an den Sieg bei Waterloo im Jahr 1815. Ursprünglich stand eine Statue des Herzogs auf dem Bogen; aber sie wurde 1883 nach Aldershot verlegt (dem Haus der britischen Armee). Die heutige Statue – Friede senkt sich auf die Quadriga des Krieges – ersetzte sie 1912. Der Wellington Arch selbst wurde 1883 an seinen derzeitigen Ort versetzt.

In ihrer Glanzzeit in den 1820er und 1830er Jahren beherbergte die Park Lane einige der nobelsten Familien Londons. Die meisten ihrer imposanten Villen sind verschwunden, viele nach dem Ersten Weltkrieg als die Aristokratie zu Verkäufen gezwungen war. Sie wurden durch Hotels und anonyme Wohn- und Büroblocks ersetzt.

Mitte des 19. Jahrhunderts, als die Londoner sehr politisiert waren, war die Park-Lane-Seite des Hyde Park Schauplatz vieler Kundgebungen. Im Juli 1866 demonstrierte eine riesige Menschenmenge für das zweite Reformgesetz, das allerdings nur Männern ein Wahlrecht einräumte. Da die Demonstration im Park verboten wurde, riss die Menge das Eisengeländer an der Park Lane nieder und strömte in den Park.

# HYDE PARK CORNER: REGNERISCHER TAG

Eine ungewöhnlich ruhige Szene an der Hyde Park Corner, die Ende des 19. Jahrhunderts für ihre Verkehrsstaus berüchtigt war.

Das Gebäude links ist das St. George's Hospital, das 1733 als Ableger des Westminster Hospitals gegründet wurde. Der Vorstand des Krankenhauses mietete (anfangs für 60 Pfund im Jahr) Lanesborough House — seiner Meinung nach ein idealer Standort am Rande der City und in der Nähe der frischen Luft des Hyde Park. Als die Räumlichkeiten zu eng wurden, zog das Krankenhaus 1844 in ein elegantes neugriechisches Gebäude um, das William Wilkins entworfen hatte. Der riesige zentrale Gang wird von vier massiven eckigen Pfeilern dominiert.

Das Krankenhaus wurde im 19. und frühen 20. Jahrhundert stark frequentiert, konnte aber wegen Platzmangels nicht wachsen. Es nahm vor allem akut Kranke auf. Genesende wurden ins Atkinson Morley Convalescent Home nach Wimbledon gebracht, das vom St. George's 1869 eröffnet wurde. Dabei kamen ihm 150 000

Pfund zugute, die ihm Atkinson Morley vermacht hatte, ein reicher Hotelier, der im Vorstand des Krankenhauses saß.

Die gute Ausbildung und Betreuung der Schwestern hatte im 19. Jahrhundert Vorrang. 1868 beschloss der Vorstand, eine Oberschwester einzustellen, die sich um „die Leistung und das sittliche Verhalten der Schwestern" kümmerte. Bewerberinnen sollten „anglikanisch, verwitwet oder ledig, zwischen 30 und 40 Jahre alt sein und praktische Erfahrung in der Krankenpflege haben".

Im Jahr 1950 wurde St. George's nach Tooting im Südwesten Londons verlegt; aber der Umzug dauerte 30 Jahre. Heute ist das umfangreich renovierte alte Hospital ein Luxushotel mit dem passenden Namen „The Lanesborough".

# BLÜHENDE AZALEEN IN DER ROTTEN ROW

Azaleen und Rhododendren waren seit Mitte des 19. Jahrhunderts in viktorianischen Parks und Gärten gefragt.
Pflanzensammler hatten sie aus Nordamerika und Asien von ihren Expeditionen mitgebracht.

In einem Kapitel mit der Überschrift „Hübsche Rastplätze in der Natur" empfiehlt *London of To-Day* 1891 den Touristen, sich auf einen der Stühle entlang der Rotten Row zu setzen. Hier „kann man einen Blick auf die bekanntesten Londoner werfen: Kabinettsmitglieder, berühmte Botschafter, ausländische Prinzen, ein populärer Bischof, ein führender radikaler Parlamentarier, der Prinz von Wales (später König Edward VII.) und seine Söhne, ein Magnat der City und Herrscher der Finanzwelt, ein berühmter Künstler, Schauspieler oder Schriftsteller ... Irgendwie hat man an einem Mittsommermorgen in der Rotten Row das Gefühl, dass die ganze Welt wohlhabend, würdevoll, gut gekleidet und gepflegt ist. Es gibt weder Armut noch mühselige Arbeit ..."

Aber das Leben in London hatte noch eine andere Seite, weit vom schicken West End entfernt. Nur zwei Jahre zuvor hatte Charles Booth die Ergebnisse seiner bahnbrechenden Studie über *Leben und Arbeit der Bevölkerung Londons* veröffentlicht. Er bezeichnete 30 Prozent der Einwohner als „sehr arm" (das heißt „immer mehr oder weniger notleidend") oder „arm" und schrieb: „Ihr Leben ist ein endloser Kampf ohne Bequemlichkeit." Für diese Menschen gab es wenig oder keine Unterstützung — weniger als drei Prozent der Londoner bekamen Armenhilfe.

# IN DEN KENSINGTON GARDENS

Die Schönheit der Kensington Gardens erfreut und inspiriert die Londoner seit über 200 Jahren.

Im Jahr 1689 kaufte William III., der an Asthma litt und ein ruhiges Heim suchte, das Nottingham House und baute es zum Kensington-Palast um. Dazu erwarb er einen Teil des Hyde Park. Seine Frau, Königin Mary, ließ die Gärten im holländischen Stil mit niedrigen Eiben und Buchsbäumen bepflanzen. Königin Anne riss sie prompt heraus und „transferierte" weitere 30 Morgen des Hyde Park auf ihr Anwesen, wo sie 1704 die Orangerie anlegte. Königin Caroline, die Frau von König George II. (1727-1760), gab den Kensington-Gärten die wunderbare Form, die sie heute haben. Für die Serpentine und das Lange Wasser verwendete sie Wasser aus dem Westbourne. George II. öffnete die Gärten – nur an Samstagen – für die „ordentlich Gekleideten", doch erst unter William IV. (1830-1837) durfte die Öffentlichkeit sie das ganze Jahr betreten. Im Jahr 1880 wurde der Hund des Herzogs von Cambridge vor Victoria Lodge überfahren und im kleinen hinteren Garten begraben, der einst ein gepflegter Friedhof war, heute aber ziemlich vernachlässigt ist. Grabsteine, die an geliebte Affen, Hunde und Katzen erinnern, sind noch erhalten.

Obwohl die Kensington-Gärten einen architektonischen Charakter haben, locken sie immer noch viele Vögel an (bisher wurden 178 Arten gezählt), während sich im Runden Brunnen dreistachlige Stichlinge, Rotaugen, Gründlinge und Aale tummeln.

Die Schönheit der Gärten hat zahlreiche Künstler und Schriftsteller inspiriert, darunter J.M. Barrie, der vor hundert Jahren dort spazieren ging, um die Kinder seiner Freundin Sylvia Llewellyn Davies mit seinen fantastischen, zauberhaften Geschichten zu unterhalten, aus denen später *Peter Pan* entstand. Eine Bronzestatue dieses ewigen Kindes ist das ganze Jahr über ein Lieblingsziel der Kinder und Erwachsenen. Ihr Sockel ist mit Eichhörnchen, Kaninchen und Mäusen verziert. Der Film *Wenn Träume fliegen lernen*, Barries Biografie, wurde 2004 hier gedreht.

# THE RING, HYDE PARK: ABEND

Der Ruf der Briten, ein Volk von Hundeliebhabern zu sein, reicht in das 19. Jahrhundert zurück.

An einem Herbstmorgen geht eine modisch gekleidete junge Frau mit ihrem Hund im Hyde Park spazieren. Das war ein vertrauter Anblick, denn Haustiere, vor allem Hunde, waren zur Zeit Victorias und Edwards bei allen Schichten so beliebt wie heute. Auf den Straßen wimmelte es von Leuten, die Hundehalsbänder verkauften. Neben die Trinkwasserbrunnen stellte man Hundetröge, spezialisierte Salons kümmerten sich um ein gepflegtes Äußeres, und Hunde traten regelmäßig im Theater auf. Das Battersea-Hundeheim wurde 1860 in Holloway gegründet und zog 1871 nach Battersea um. Hunde wurden sogar benutzt, um für wohltätige Zwecke zu sammeln. Die Büchse war auf ihrem Rücken befestigt, und auf den Halsbändern wurde ihr Einsatz gelobt: „Für Wimbledon Jack vom Umzugskomitee für seine wohltätige Arbeit."

Dann war da noch Charles Cruft, 1846 in Bloomsbury geboren. Er arbeitete für den Hundekuchenfabrikanten James Spratt und besuchte Hundeausstellungen in Großbritannien und Europa. Als ihm eine Marktlücke auffiel, veranstaltete er 1886 die „Erste große Terrier-Show" mit 57 Kategorien und 600 Teilnehmern. Doch erst 1891 fand in der Royal Agricultural Hall in Islington die erste „Cruft's Greatest Dog Show" statt. Alle Rassen waren eingeladen, und die Show lockte etwa 2000 Hundefreunde an. Ende des Jahrhunderts nahmen mehr als 3000 Hunde teil, von denen einige sogar aus Russland kamen. Die Hundemanie war ausgebrochen. Wenn das geliebte Haustier starb, wurde es mit Hymnen und Gedichten prunkvoll beerdigt. Man konnte seinen Hund ausstopfen lassen und für immer ins Wohnzimmer stellen oder ihm ein würdiges Grab besorgen, etwa auf dem Hundefriedhof der Kensington-Gärten, wo Tiere aller Art, auch Affen, ihre letzte Ruhestätte fanden.

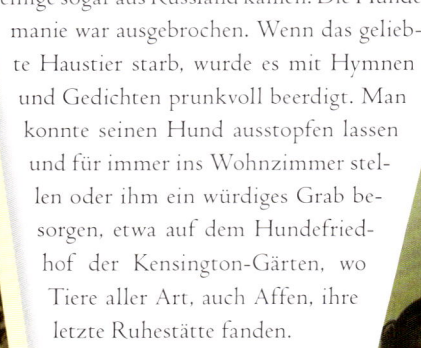

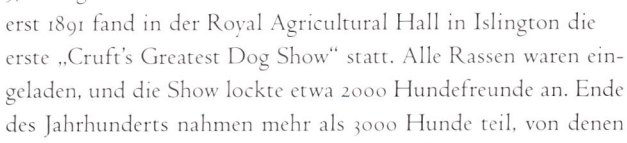

# WARTEN AUF DIE KÖNIGSFAMILIE

„Anfang 1901 freute sich die Metropole über die Nachricht, dass König Edward und Königin Alexandra die Absicht hätten, mehr Zeit in der Hauptstadt zu verbringen als vor ihnen Königin Victoria."

Mrs. Belloc-Lowndes' Verlautbarung in *Living London* im Jahr 1902, ein Jahr nach dem Tod Königin Victorias, wurde von der Öffentlichkeit begeistert begrüßt. Szenen wie Rose Bartons Menschenmenge, die artig auf die Königsfamilie wartet, würde man nun wohl häufiger sehen, denn die Royals lockten immer viele Neugierige an. Nach dem Tod Prinz Alberts hatte Königin Victoria sich zurückgezogen, und ihr Hof wurde streng abgeschirmt. Das neue Königspaar war dagegen viel lockerer. An schönen Tagen im Sommer oder Herbst fuhren die Königin und eine ihrer Töchter in einer offenen Kutsche durch den Hyde Park. Der Verkehr stand still, Hüte wurden gezogen, Leute verbeugten sich. Oft sah man die Königin auch bei Ausstellungen, in der Kirche und bei Freunden oder Verwandten. Für solche Anlässe wählte sie allerdings eine eher bescheidene Kutsche, um nicht erkannt zu werden. Die Standardinszenierungen der Königsfamilie waren so formell und farbenprächtig, wie die Zuschauer es sich nur wünschen konnten, besonders wenn reiche „kontinentale Royals" zu Besuch kamen.

Das alles gefiel nicht nur den Menschen auf den Straßen. Londons bekannte Schmuck- und Kunsthändler, Ledermacher und Schneider verdienten mitunter bis zu 10 000 Pfund pro Woche an einer durchlauchtigen oder königlichen Hoheit auf Einkaufstour. Die damals noch neue Fotografie sorgte dafür, dass die Königsfamilie und ihre zahlreichen Onkel und Tanten, Vettern und Basen – ersten oder zweiten Grades, weiter entfernte und sonstige – sofort erkannt wurden. Sammelbilder waren wertvoll, und die Illustrierten druckten Unmengen von Bildern ab. Anonymität wurde schwieriger, und jeder konnte die königlichen Verwandten sehen, zum Beispiel Edwards und Alexandras älteste Tochter und ihren Gemahl, den Herzog und die Herzogin von Fife, die in einer bescheidenen Villa am Portman Square wohnten, oder Edwards jüngere Schwester, Prinzessin Louise, verheiratet mit dem Herzog von Argyll, die im Kensington-Palast lebten.

GALA PERFORMANCE *at*
COVENT GARDEN OPERA HOUSE

# GEORGE, PRINZ VON WALES

Die Mode verlangte, dass selbst Prinzen als Kleinkinder Unterröcke trugen.

Auf diesem Bild von Rose Bartons ist Prinz George Edward zwei Jahre alt. Das fünfte Kind von George V. wurde Herzog von Kent und heiratete Marina von Griechenland. Ihre Kinder (der zweite Herzog von Kent, Prinzessin Alexandra, und Prinz Michael von Kent) und ihre Enkel spielen in der heutigen Königsfamilie eine wichtige Rolle. Aber Georges früheres Leben war turbulent. Als Edward VIII., der ältere Bruder des Herzogs, abdankte, bestand die Möglichkeit, dass George, der Vierte in der Thronfolge, ihm als Monarch nachfolgen würde, denn für diesen unerhörten Vorgang gab es keine Regeln. Nach der Verfassung konnte jedes Mitglied der Königsfamilie Monarch werden. Aber

es war der Herzog von York, sein älterer Bruder Edward Albert Christian George Andrew Patrick David, vertraulich Bertie genannt, der George VI. wurde. Der schüchterne, äußerst nervöse Albert, der nie ganz zu stottern aufhörte, rechnete nie damit, die Pflichten eines Herrschers übernehmen zu müssen. Obwohl er den Thron nur zögernd bestieg, diente er seinem Land würdevoll und mit wahrer Hingabe. Zusammen mit seiner Frau, Königin Elisabeth, weigerte er sich sogar, während der deutschen Luftangriffe im Zweiten Weltkrieg London zu verlassen. Zu Ehren seines Vaters nahm er den Namen George an und wurde Vater der heutigen Königin Elisabeth II. Er starb 1952 an Lungenkrebs.

PRINCE EDWARD OF YORK.

# IN DER STRAND: WARTEN AUF DIE WAHLERGEBNISSE

Die Selbstverwaltung für Irland war das Problem der Stunde, und Gladstones Eintreten für die Iren
führte zum allmählichen Niedergang der liberalen Partei.

*The Graphic*, der Vorgänger des *Daily Graphic*, wurde im Dezember 1869 von William Luson Thomas gegründet, einem Holzschnitzer, der in seiner Weitsicht erkannte, wie sehr Bilder die öffentliche Meinung beeinflussten. Er wählte einige der begabtesten Künstler seiner Zeit aus, um seine neue Zeitung zu illustrieren, unter anderem John Millais, der mit Holman Hunt und Dante Gabriel Rossetti die Präraffaelitische Bruderschaft gegründet hatte. Zuerst produzierte Thomas den *Graphic* in einem bescheidenen Mietshaus; aber 1882 hatte er 1000 Mitarbeiter und verkaufte über 500 000 Exemplare seiner Weihnachtsausgabe. Ab 1889 erschien der *Graphic* täglich, und am 4. November 1891 druckte er das erste Halbtonbild der Welt ab (von George Lambert, der sich für die Liberalen um ein Parlamentsmandat bewarb).

Die aufgeregte Menge vor dem Büro wartete nach den allgemeinen Wahlen von 1892 auf die Bekanntgabe der Ergebnisse. Wie immer zeigte die erfinderische Zeitung Karikaturen der beiden Protagonisten, die verschiedene Leitern bestiegen, wobei die Sprossen die Zahl der errungenen Sitze symbolisierten. Ein brennendes Problem war damals die

Selbstverwaltung für Irland, für die Gladstone, der Vorsitzende der Liberalen, eintrat. Da er die irischen Forderungen anerkannte, musste er seine dritte Amtszeit 1886 vorzeitig beenden. Viele Liberale, die gegen die Selbstverwaltung waren, verbündeten sich mit Lord Salisbury und den Konservativen. Obwohl diese die meisten Sitze gewannen, wurde Gladstone, der mit den irischen Nationalisten koalierte, Premierminister. Er zog sich 1894 zurück, nachdem sein Selbstverwaltungsgesetz 1893 im Oberhaus gescheitert war.

# DIE KÖNIGLICHE BÖRSE

Vor dem Bau der Börse im Jahr 1570 gingen Kaufleute aus vielen Ländern die Lombard Street auf und ab
und verhandelten bei Regen, Schnee und Sonnenschein.

Anfang des 16. Jahrhunderts war London das dynamische Zentrum des Handels. In der Lombard Street, dem Bankenzentrum der Stadt, handelten und verhandelten europäische Kaufleute in Schenken, in Häusern und – allen Kapriolen des unangenehmen englischen Wetters zum Trotz – im Freien. Denn im Gegensatz zum moderneren Antwerpen besaß London keine Börse. Richard Gresham, ein Visionär und Händler, der König Heinrich VIII. mit Gobelins für Hampton Court belieferte, setzte sich für eine Londoner Börse ein. Aber erst sein Sohn Thomas verwirklichte seinen Traum 1566 und baute mit eigenem Geld eine Börse auf einem Grundstück, das die Stadt London gekauft hatte.

Sie stand an der Kreuzung Threadneedle Street und Cornhill. Diese erste königliche Börse brannte 1666 im großen Feuer bis auf die Grundmauern ab. Sie wurde 1669 wieder aufgebaut – Samuel Pepys war Zeuge der Grundsteinlegung –, und 1697 ließ man auch Juden als Makler zu. Nicht nur Güter wurden dort gehandelt. Am 12. Mai 1766 wurden John Crouch und seine Frau verurteilt, weil sie „in der königlichen Börse ein junges Mädchen feilgeboten" hatten. 1838 brannte die Börse erneut bis auf die Grundmauern nieder und wurde 1844 neu gebaut. Erstaunlicherweise war der Vorhof der „Change", wie sie jetzt meist genannt wurde, der erste britische Platz mit einer öffentlichen Bedürfnisanstalt – allerdings nur für Männer.

Als Pip, der Held in Dickens' *Große Erwartungen* (1861), die Börse besuchte, sagte er: „Ich sah schmutzige Männer unter den Anschlagtafeln über die Schiffe sitzen. Ich hielt sie alle für große Kaufleute, obwohl ich nicht ganz verstand, warum sie so niedergeschlagen waren." Dieses Gebäude verschwimmt auf Rose Bartons Bild im düsteren Nebel. Heute ist die alte Börse ein Luxuskaufhaus.

D. 42486. LONDON: EXCHANGE & BANK.

The Royal Exchange. London.

# CLOTH ALLEY, SMITHFIELD

Wer einen Blick auf das alte London erhaschen wollte, konnte zu Lebzeiten von Rose Barton die Überreste
der mittelalterlichen Stadt rund um Cloth Alley in der Enklave Cloth Fair in Smithfi eld besuchen.

Smithfield wurde 1904 zum größten Londoner Fleischmarkt. Schon am frühen Morgen vermischten sich dort die Schreie der Verkäufer und das Hämmern der Hackbeile mit dem Verkehrslärm. Aber Smithfield war traditionell auch Londons Rennstrecke, Turniergelände und Hinrichtungsplatz. Dort wies der junge König Richard II. während des Bauernaufstandes von 1381 Wart Tyler in die Schranken, und dort wurden unter Maria Tudor 277 Ketzer auf dem Scheiterhaufen verbrannt. Noch zu Rose Bartons Lebzeiten erinnerte eine große Gaslampe an diese Ereignisse. Dort wurden auch Giftmischer zu Tode gekocht, wie ein Gesetz

Heinrichs VIII. es gebot, und dorthin strömte ganz London zum berüchtigten mittelalterlichen Bartholomäus-Jahrmarkt, den Ben Jonsons gleichnamiges Theaterstück verewigt hat. Er wurde erst 1853 abgeschafft.

Von dieser großen mittelalterlichen Vergangenheit war damals nur Cloth Fair übrig geblieben, ein paar alte Straßen hinter der Kirche St. Bartholomew-the-Great. Der Reiseschriftsteller Augustus Hare berichtet 1870, das Viertel bestehe aus „alten, verkommenen Häusern aus der Ära Elisabeths und Jakobs".

Als Rose Barton malte, galt ein großer Teil dieser Gegend als Slum und wurde abgerissen; doch letzte Reste des alten Tuchhandels, der den Jahrmarkt beherrscht hatte, waren noch erhalten. Die alten Straßenhändler und Lumpensammler scharten sich rings um die Kneipe „Dick Whittington", die fälschlicherweise behauptete, die älteste Londons zu sein.

Kurz nach Vollendung dieses Gemäldes im Jahr 1905 ließ der Stadtrat das alte Westtor zum Cloth Fair im Rahmen seines Sanierungsprojekts abreißen.

# BLUMENMÄDCHEN IN DER STRAND

Anfang des 20. Jahrhunderts wimmelten die Londoner Straßen immer noch von Straßenverkäufern aller Art, die ihre Waren mit ihrem typischen Singsang anpriesen, so wie Rose Bartons Blumenverkäuferinnen: „Kauft meine Blumen, zwei Sträuße ein Penny!"

Neben den Grundnahrungsmitteln – Obst, Gemüse, Fleisch und Fisch – verkauften die Straßenhändler auch Dickmilch und Molke, holländische Kekse (Ingwerbrot), alte Kleider, Kämme und Tinte für die Akademiker, während die Straßenhandwerker Scheren schliffen, Stühle reparierten und Schuhe flickten. Blumenmädchen sah man überall – allerdings waren viele von ihnen in Wirklichkeit ältere Frauen, die sich in lange Umhänge hüllten und große, feste Hüte trugen, oft mit Blumen und Federn verziert. Der kleine Brunnen auf Rose Bartons Bild stand bis Anfang des 20. Jahrhunderts vor St. Mary le Strand und markierte die Stelle, wo 1634 der erste Stand für Pferdedroschken aufgestellt wurde.

Die Blumenmädchen eilten am frühen Morgen zum Markt im Covent Garden, kauften frische Blumen und füllten damit Strohkörbe, die sie sich um den Hals hängten. Viele junge, arme Mädchen – verwaist, verlassen, missbraucht – verkauften Blumen auf diesem Markt. Am Ende des Tages sammelten sie die übrig gebliebenen Blumen ein und flochten daraus kleine Gebinde, die sie vor der königlichen Oper den Reichen anboten. 1974 zog der Obst- und Gemüsemarkt nach Battersea um, und Covent Garden wurde restauriert. Heute ist er ein dynamisches Viertel mit Läden, Straßenkünstlern und einem Kunstgewerbemarkt. Um seinen 25. Geburtstag zu feiern, wurden sechs Statuen in Auftrag gegeben, von denen eine das bezauberndste aller Blumenmädchen darstellt: die fiktive Eliza Doolittle, die Heldin in Shaws *Pygmalion*, der Vorlage für den äußerst erfolgreichen Film *My Fair Lady*.

LONDON TYPES: A FLOWER SELLER.

# RUS IN URBE

Diese kleine Hütte mit den roten Dachziegeln stand an der Ecke Glebe Place und King's Road in Chelsea. Eine Generation vor Rose Barton malte Cecil Lawson die Gärten in der Nähe der Glebe Place und nannte sie „Rus in Urbe", Land in der Stadt.

Der Aufstieg und der Niedergang der Londoner Stadtteile war zur Zeit Edwards VII. so wie heute ein Gesprächsthema auf den Dinnerpartys. Während Chelseas Straßen am Flussufer gegen Ende der viktorianischen Ära von Künstlern wie Whistler und Schriftstellern wie Wilde bewohnt wurden, galten nun auch andere Stadtteile als respektabel. Ein Gesetz erlaubte 1870 die Verpachtung der „Glebe-Ländereien", die bisher Marktgärten gewesen waren und der örtlichen Kirche gehört hatten. Das Gebiet wurde rasch er-

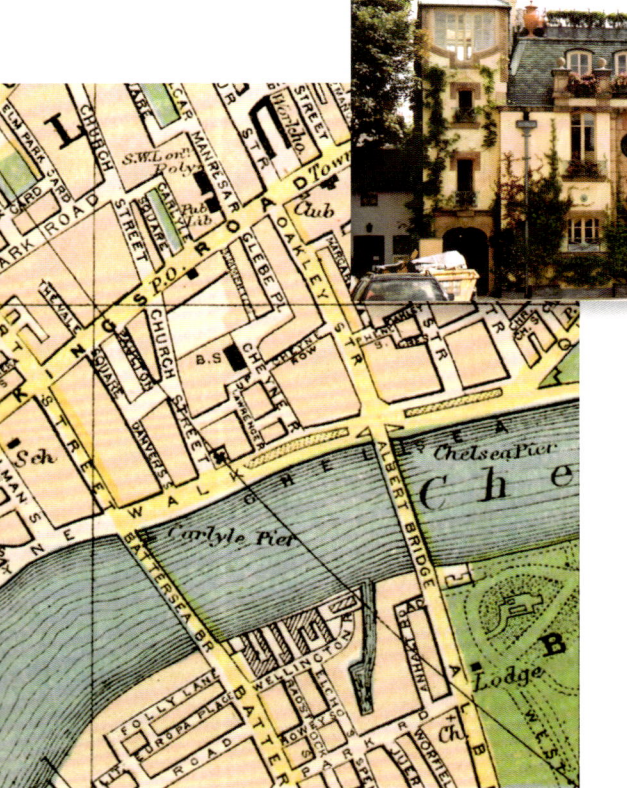

schlossen. Man baute Häuser in der Bramerton Street und in der Glebe Place sowie neue Geschäfte in der King's Road, die Jahrzehnte später ein Magnet für die Schickeria werden sollte. Die Glebe Place wurde an der Stelle angelegt, wo früher eine Töpferwerkstatt der Wedgwood Company und eine Hugenottenkapelle gestanden hatten. Ein Haus in der Straße war angeblich die Jagdhütte Heinrichs VIII.

Als Rose Barton malte, war dieser Teil von Chelsea noch ein Literatenviertel. Hatten nicht George Meredith und Algernon Swinburne in der Nähe gelebt? Jetzt lockten vor allem die neuen Gartenstudios in der Glebe Place die künstlerische Elite der Stadt an. Der Künstler George Boyce lebte dort bis zu seinem Tod im Jahr 1896 und beauftragte den viktorianischen Architekten Philip Webb, ein neues Haus zu bauen. Der Bildhauer Giovanni Fontana wohnte in der Nähe, und bald zog die Glebe Place auch andere Künstler magnetisch an. Cecil Lawson war 1882 gestorben, aber Rose Bartons Tribut an ihn zeigt, dass Chelseas Bewohner zur Zeit Edwards trotz der Erschließung und der neuen Häuser immer noch das Flair des Landlebens in der Stadt schätzten.

# ALTE UFERBEFESTIGUNG, CHELSEA

Seit Urzeiten ist die Themse das Herzblut Londons. Sie hat sowohl den Handel als auch die Stadtentwicklung gefördert.

Die Themse war für Chelseas Entwicklung entscheidend, denn sie ermöglichte es den Einwohnern, mühelos nach London und anderen Siedlungen am Fluss zu reisen. Seit etwa 1300 besaßen reichere Leute ihre eigenen Piers und reisten mit Fähren stromaufwärts und stromabwärts. Man konnte auch Fährmänner mieten – 1705 brauchte man bis London etwa eine Stunde –, und diese Männer waren bis ins 19. Jahrhundert gut im Geschäft. 1816 befuhr ein Dampfschiff die Strecke, und 1844 verkehrten acht Dampfschiffe viermal die Stunde zwischen London Bridge und Chelsea. 1908 wurden sie stillgelegt, weil die Einwohner Chelseas und anderer Orte das wachsende Straßen- und Schienenetz bevorzugten.

James Abbott McNeill Whistler (1834-1903) lebte und malte bis 1879 in Chelsea. Dann wurde er für bankrott erklärt und gezwungen, sein Haus zu verkaufen. Zum Glück hatte er noch genügend Mittel, um sich auf einer Reise nach Venedig aufzuheitern. Dort arbeitete er an einer Serie von Kupferstichen. Eines seiner schönsten Werke ist „Nocturne: Blue and Silver – Chelsea 1871", ein friedlicher Blick auf Chelsea und die Themse von der Battersea-Brücke aus. Das Bild hängt heute in der Tate Britain.

# DIE LETZTE LAMPE AM UFER DER THEMSE

„Der Winterabend sinkt herab
mit Bratendüften in den Gassen …
Und an der Straßenecke stampft
verschwitzt ein Kutschpferd, noch allein.
Und dann der Lampen blasser Schein.

T.S. Eliots Gedicht und Rose Bartons Bild rufen ein romantisches Ideal wach. Im 19. und im frühen 20. Jahrhundert waren Lampenanzünder ein vertrauter Anblick. Sie folgen den Reihen der Gaslaternen und zündeten eine nach der anderen an.

Seit Anfang des 19. Jahrhunderts gab es in London Gasbeleuchtung. Vor allem waren Ausländer dadurch beeindruckt, die nur dunkle Straßen im trüben Licht von Öllampen kannten. Da die Sicherheit der Bürger ein ernstes Problem war und private Lieferanten enorme Gewinne erzielen konnten, breitete sich die Gasbeleuchtung rasch aus. 1823 wurden in London 213 Straßen von 40 000 Lampen erhellt. In den 1840er Jahren lieferten vier Firmen Gas aus fünf Tankstationen für die Oxford Street und die Tottenham Court Road. Im gleichen Jahrzehnt installierten der Buckingham-Palast und das neue Unterhaus Gaslampen. Jetzt verfügten die meisten Hauptstraßen über Gasbeleuchtung, abgesehen vom Grosvenor Square, dessen Bewohner Gaslampen vulgär fanden.

Die Erfindung des Gasstrumpfes durch einen Chemiker in Bunsens Heidelberger Labor im Jahr 1886 revolutionierte die Gasbeleuchtung, obwohl die Strümpfe anfangs teuer, ineffizient und sehr zerbrechlich waren. Aber sie wurden schnell verbessert, so dass 1895 die neuen Strümpfe in London zum ersten Mal für die Straßenbeleuchtung verwendet wurden. Das Gaiety Theatre, der Bahnhof London Bridge und die Büros der Times führten in den 1870er Jahren als Erste das elektrische Licht ein. Die Elektrizität verdrängte das Gas sehr langsam. 1933 war erst die Hälfte der Londoner Straßen elektrisch beleuchtet. Obwohl die Beleuchtungstechnik sich änderte, wurden die alten Laternen beibehalten und einige der eleganten alten Gaslampen sind heute noch entlang des Embankments zu sehen.

# WER IST ES?

Die Statue Thomas Carlyles stellt den großen Historiker und Philosophen wie einen alttestamentarischen Prophet im Morgenmantel dar. Sie stand schon zu Lebzeiten Rose Bartons an der Themse in Chelsea.

Carlyle, ein intellektuelles Genie der viktorianischen Ära, starb 1881. Als Rose Barton die Statue mit dem Bücherstapel zu Carlyles Füßen malte, war er bereits ein Vierteljahrhundert tot. Aber am Chelsea Embankment, wo die Statue stand, lebten noch Leute, die sich daran erinnerten, wie er mit seinem Hund Nero auf der King's Road spazieren gegangen oder jenseits des Flusses (im heutigen Battersea-Park) ausgeritten war.

Er hatte fast fünfzig Jahre in einem nahe gelegenen Haus in der Cheyne Row 5 (später Nr. 24) gewohnt und sich oft mit den Nachbarn gestritten, weil deren lauter Papagei und die Klavier spielende Tochter den großen Denker bei der Arbeit störten. Carlyle und seine Frau Jane hatten kein leichtes Leben. Carlyle war überaus anspruchsvoll und hämmerte ständig mit einem Schürhaken an die Wand. Darunter litt Janes Gesundheit, zumal sie von Schlafmitteln abhängig war. Sie starb 1866 an Herzversagen, als sie in einer Droschke durch den Hyde Park fuhr. Carlyles Bücher über die französische Revolution und Oliver Cromwell sowie seine Idee, dass Helden die Politik und die Geschichte bestimmen, machten ihn weltberühmt. Auf Schriftsteller und Revolutionäre seiner Zeit übte er einen prägenden Einfluss aus.

Carlyle hasste Künstler – mit Ausnahme des Bildhauers Joseph Boehm, den er für einen Historiker hielt. Er warnte ihn jedoch bei der ersten Sitzung für diese Statue: „Ich gebe Ihnen zweiundzwanzig Minuten, um zu zeigen, was Sie aus mir machen können." Aber er hielt durch, und dies war das Ergebnis.

Carlyles Haus in der Cheyne Row wurde nach seinem Tod in ein Museum umgewandelt.

24 CHEYNE ROW. CHELSEA.

# EINGANG ZUM APOTHECARIES' GARDEN

Seit dreieinhalb Jahrhunderten sammelt der Apothecaries' Garden (heute Chelsea Physic Garden genannt)
Pflanzen aus der ganzen Welt, um ihre Heilkräfte zu erforschen und für die Zukunft zu bewahren.

Der Chelsea Physic Garden war Jahrhunderte lang ein geheimes Paradies, ein mystischer, wundersamer Ort, den man nur sehnsüchtig durch sein riesiges gusseisernes Tor betrachten konnte; eine magische, aber abschreckende Welt voller exotischer Pflanzen, schön und hochwirksam. Er wurde 1673 eröffnet, damit die Mitglieder der Worshipful Society of Apothecaries die Kräuter und Blüten kennen lernten, die in ihrem Beruf so wichtig waren. 1671 hatte die Innung im Cobham House im Stadtteil Blackfriars ein „Elaboratory" eingerichtet – die erste „Fabrik", die in großem Umfang Arzneien herstellte.

Chelsea wurde als Heimat des Gartens ausgewählt, weil die Themse ihr eigenes warmes Mikroklima erzeugte, so dass auch Pflanzen, die mildere Temperaturen gewohnt waren, die eisigen britischen Winter überleben konnten. Der Physic Garden besitzt den größten Früchte tragenden Olivenbaum des Landes.

Da das Interesse an Naturheilmitteln neu erwacht ist, trägt der Garten heute viel zur Information der Öffentlichkeit bei. Hier werden immer noch die Eigenschaften, der Ursprung und die Konservierung von über 5000 Arten erforscht, und er beherbergt den „Garten der Weltmedizin", Großbritanniens erstes Zentrum für Ethno-Botanik (diese Wissenschaft studiert die Botanik verschiedener Völker).

Seit 1983 sind die gusseisernen Tore von April bis Oktober für die Öffentlichkeit geöffnet, sonntags von 12 bis 18 und mittwochs von 12 bis 17 Uhr.

# TAGESAUSFLUG

Im Jahr 1904 wurde das berüchtigte Viertel Battersea dank des Parks und der Einführung des sozialen Wohnungsbaus zu einem respektablen Vorort für die untere Mittelschicht.

Batterseas lange Geschichte beginnt mit den Sachsen. Zu Rose Bartons Lebzeiten war die Vorstadt, die gleich südlich des Flusses lag, ein wichtiges Industriegebiet, das nach der Eröffnung der Eisenbahnstrecke London–Southampton und ihres Endbahnhofs Nine Elms im Jahr 1838 einen enormen Aufschwung erlebte. Die großen Lager und Reparaturwerkstätten der Bahn lockten große und kleine Firmen an: Price's Candle Factory, die auch Öl für Fahrradlampen herstellte, Orlando Jones' Starch Factory, die Nine Elms Gas Works sowie Wäschereien, eine Handschuhfabrik und chemische Fabriken. Besonders wichtig war die Patent Plumbago Crucible Company, die Anfang des 20. Jahrhunderts der größte Schmelztiegelhersteller der Welt war. Die Firma blieb 100 Jahre dort, änderte aber ihren schwerfälligen Namen, der immer wieder verunstaltet wurde (ein Brief war an die „Lumbago Crucifying Company" adressiert).

Batterseas Bevölkerung nahm erheblich zu, um den Bedarf der wachsenden Industrie zu decken: von knapp über 3000 im Jahr 1801 auf fast 169 000 im Jahr 1901. Sozialwohnungen, zum Beispiel Shaftesbury Park Estate in den 1870er Jahren, ersetzten die verwahrlosten alten Slums. Anfang des 20. Jahrhunderts war der schäbige, sumpfige Platz namens Battersea Fields berüchtigt wegen eines Duells zwischen dem Herzog von Wellington und dem Grafen von Winchelsea im Jahr 1829, aber auch wegen des Taubenschießens im eingezäunten Subscription Ground. Da zu viele „unerwünschte Personen" angelockt wurden, griff die Regierung ein und schuf den Battersea Park mit einem See, subtropischen Gärten und dem Albert-Palast für Ausstellungen und Konzerte. 1896 war Battersea viel ansehnlicher, und der Park wurde berühmt wegen der zahlreichen Fahrradfahrer. Viele Anhänger dieses neuen Trends, die aus dem Hyde Park verbannt worden waren, wichen nach Battersea aus.

Die erste Battersea Bridge wurde von Whistler in seiner Nocturne-Serie verewigt. Sie wurde 1881 abgerissen und 1889 durch eine von Sir Joseph Bazalgette entworfene Brücke ersetzt. Dieser Ingenieur baute auch Londons Embankments.

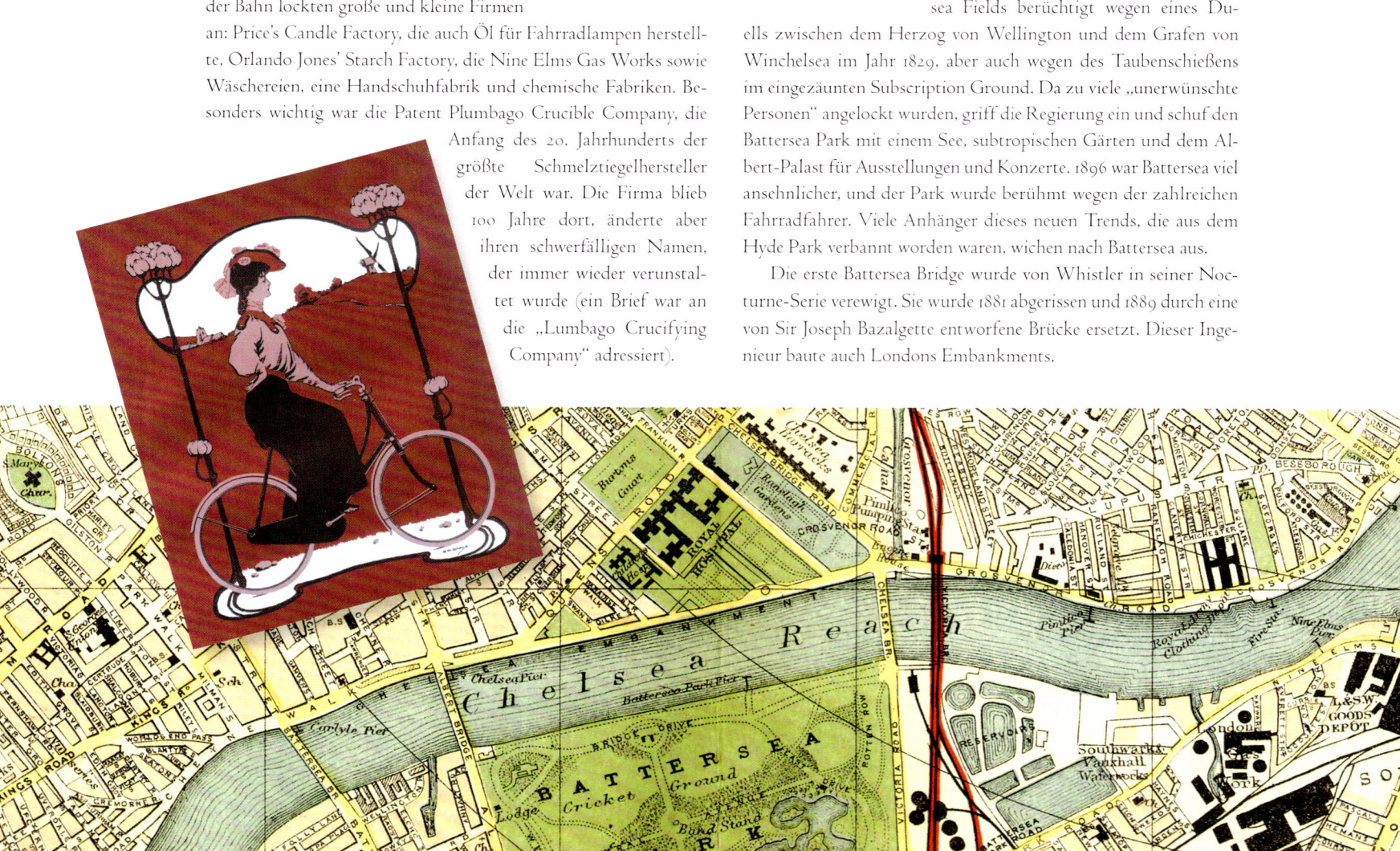

# DER PENSIONERS' GARDEN, ROYAL HOSPITAL, CHELSEA

Alte Soldaten finden im Royal Hospital ein angemessenes Zuhause, das ihre treuen Dienste mit Essen, Kleidung, etwas Taschengeld und bei Bedarf auch Krankenpflege belohnt.

Noch heute sind Chelsea-Pensionäre auf den Straßen der trendigen King's Road ein vertrauter Anblick. Meist tragen sie marineblaue Uniformen, doch manchmal sieht man sie in ihren scharlachroten Paradeuniformen mit dreieckigem Hut.

Bis zum 17. Jahrhundert wurden kranke und alte Soldaten sich selbst überlassen. 1645 ordnete das Parlament endlich an, Kriegsversehrten eine Pension aus der Staatskasse zu zahlen. Aber viele von ihnen mussten noch in der Garnison dienen – eine Tortur für sie und eine Belastung für die Armee. Als König Karl II., der die Treue seiner Soldaten schätzte, nach einem langen Bürgerkrieg 1660 wieder den Thron bestieg, genehmigte er den Bau des Royal Hospital in Chelsea. 1692 wohnten dort 476 Pensionäre und machten aus-

giebig von den herrlichen geometrisch angelegten Gärten Gebrauch, die Sir Christopher Wren gestaltet hatte. Die Gärten verschwanden, als 1871 bis 1874 das Chelsea Embankment gebaut wurde; doch den Pensionären steht immer noch ein wunderschönes, 66 Morgen großes Gelände zur Verfügung. Die Blumenschau der weltberühmten Royal Horticultural Society wird hier seit 1913 jedes Jahr veranstaltet. Zum Gedenken an ihren königlichen Wohltäter feiern die Pensionäre den Founder's Day oder den Oak Apple Day möglichst nah am 29. Mai, dem Geburtstag Karls II., der Tag, an dem er seinen Thron wieder bestieg, und der Tag, der an seine wundersame Rettung vor der Armee des Parlaments nach der Schlacht von Worcester (1651) erinnert. Damals versteckte er sich geschickt hinter einer Eiche.

# EMANUEL HOSPITAL, WESTMINSTER

Als Rose Barton ihr Bild vom Emanuel Hospital in Westminster – mit einer einsamen Katze vorne und
einem einsamen Pensionär im Hintergrund – veröffentlichte, war das Haus bereits völlig verfallen.
An seiner Stelle stand das große Hotel St. James Court, im Stil der Edward-Ära gebaut.

Das Gemälde ist ein nostalgischer Tribut an ein London, das bereits schnell verschwand, als Rose Barton es malte. Das Spital wurde Anfang der 1890er Jahre abgerissen, nachdem Denkmalschützer, lokale Würdenträger und Geistliche lange und erbittert für seine Erhaltung gekämpft hatten. Emanuel war ein Armenhaus, in dem traditionell zehn arme Frauen und Männer lebten, alle über 56 Jahre alt. Es war 1688, im Jahr der Glorreichen Revolution, gebaut worden. Doch als alte Stadt eigenen Rechtes besaß Westminster zahlreiche wohltätige Einrichtungen, und einige Jahrzehnte, bevor dieses Bild entstand, verschmolz Emanuel mit vier anderen Spitälern.

Es war ein Zeichen der Zeit. Einrichtungen, welche die Armut bekämpfen sollten – sowohl die Arbeitshäuser, die man siebzig Jahre vor diesem Gemälde gebaut hatte, als auch die Jahrhunderte alten Armenhäuser –, wurden von Sanierern und Reformern unter zunehmenden Druck gesetzt. Man sprach von Altersheimen, und

eine königliche Kommission befasste sich 1903 mit diesem Thema. Doch erst das berühmte Lloyd George People's Budget von 1909 löste diese Revolution aus. Inzwischen bekamen die alten Einrichtungen die öffentliche Unzufriedenheit zu spüren.

Dennoch war die Empörung groß, als die Treuhänder das alte Spital 1889 abreißen wollten – ein wunderschönes Exemplar der Baukunst des 17. Jahrhunderts. Die Charity Commission drängte auf den Erhalt des Spitals, und die Gegner zogen bis zum obersten Gericht – vergeblich. Innerhalb von fünf Jahren verschwand das alte Bauwerk.

# DIE NELSONSÄULE IM NEBEL

Kohle galt damals als Synonym für Fortschritt und industrielle Revolution. Vor die Wahl zwischen Fortschritt und sauberer Luft gestellt, wählten die Briten den Ersteren, bis 1952 etwa 4000 Menschen während eines viertägigen Nebels umkamen.

Auf diesem Bild vom Trafalgar Square sind die vier massiven Bronzelöwen, die Nelsons Säule bewachen, kaum zu sehen. Diese mächtigen Symbole des Empires und des Sieges, die Sir Edwin Landseer schuf und aus Metall goss, sollen einst furchterregende französische Kanonen gewesen sein. Hier verschwinden sie dennoch in einem der dichten Nebel, die London regelmäßig heimsuchen.

Steinkohle, die in großer Menge vor der Nordostküste des Landes entdeckt wurde, war eine billige, weiche und bitumenhaltige Kohle, mit denen die meisten Londoner ihre Häuser heizten. Doch Steinkohle war sehr ineffizient. Sie erzeugte große Rauchwolken, aber kaum Wärme.

Dieser Rauch, den Anfang des 19. Jahrhunderts eine Million oder mehr Häuser ausspuckten, bildete zusammen mit natürlichem Nebel einen dicken, gelblichgrünen Schleier, den man „Erbsensuppe" nannte, weil er fast so dickflüssig war wie diese Speise und eine ähnliche Farbe hatte. Diese „Suppe", die tagelang über London lag, war gefährlich, und viele starben an Bronchitis und Lungenkrankheiten.

Getreu dem amerikanischen Streben nach Überlegenheit erklärte Inez Haynes Irwin in *The Californiacs* (1921), der kalifornische Nebel sei dem britischen überlegen, denn er bestehe „nicht aus Erbsensuppe wie der Londoner Nebel, sondern aus feuchtem Dunst, mit Perlen besetzt und schimmernd".

# GORDONS STATUE

General Gordon war ein echter viktorianischer Held, und seine Statue erinnerte die Menschen an Englands Größe, ebenso wie die Standbilder von Nelson, verschiedenen Admirälen und Generälen auf dem Trafalgar Square.

Im Jahr 1887 wurde eine Statue von Charles George Gordon, geschaffen vom klassizistischen Bildhauer Sir Hamo Thornycroft, auf dem Trafalgar Square enthüllt. Der Soldat, den man zuerst „chinesischer Gordon" nannte, weil er 1864 geholfen hatte, den Taiping-Aufstand niederzuschlagen, dann „Gordon Pascha" und schließlich „Gordon von Khartum", galt als verwegener, heißblütiger viktorianischer Held. Sein Tod bei der Belagerung von Khartum im Sudan im Jahr 1885 machte aus ihm einen Märtyrer, und die Öffent-

lichkeit gab der Regierung die Schuld daran, dass die Belagerer nicht zurückgeschlagen wurden. Jedes Jahr legten treue Anhänger an seinem Todestag, dem 26. Januar, Kränze auf seine Statue. George William Joy romantisierte Gordons Tod 1885 mit seinem populären Gemälde „General Gordon's Last Stand", und noch 1966 spielte kurioserweise Charlton Heston in dem Film *Khartoum* den britischen General. Die Entzauberung des Helden begann mit Lytton Stracheys *Eminent Victorians* (1918) und setzte sich mit Anthony Nuttings

*Gordon of Khartoum: Martyr and Misfit* (1966) fort. Die Autoren behaupteten, Gordon habe Befehle der Regierung nicht befolgt und sich geweigert, Khartum zu evakuieren, als es noch möglich gewesen wäre.

Gordons Statue wurde 1943 entfernt und zehn Jahre später in Victoria Embankment Gardens wieder aufgestellt. Dort steht sie immer noch mit einer Bibel in der Hand und mit dem Stock, den Gordon stets unter den Arm geklemmt trug. Der religiöse General besuchte 1882 bis 1883 Palästina und kam dort zu dem Schluss, Golgatha, der Ort, an dem Jesus gekreuzigt wurde, befinde sich an einer anderen Stelle als bisher angenommen.

# IN EILE ZUR HOCHZEIT

St. George's war Teil des großen Entwicklungsprojekts Hanover Square, benannt nach George I., dem Kurfürsten von Hannover.

Ein 1711 verabschiedetes Gesetz sah vor, für die schnell wachsende Bevölkerung Londons Gotteshäuser zu bauen. Eine der fünfzig neu errichteten Kirchen war St. George's, wo bald die Schickeria ihre Hochzeiten feierte. Die neue Pfarrei war riesengroß, denn sie umfasste einen Teil des Bezirks St. Martin-in-the-Fields und das Gebiet von der Regent Street nach Westen bis zur Serpentine und von der Oxford Street nach Süden bis Mayfair, Belgravia und Pimlico. Sie war von ländlichen Gebieten umringt. 1725 konnte man in Conduit Mead und am Westende der Brook Street Schnepfen jagen.

Die Kirche wurde nach Plänen von John James, einem Assistenten von Sir Christopher Wren, 1720 bis 1725 entworfen und kostete 10 000 Pfund. Da sie auf dem Ersten der drei großen Mayfair Squares stand und eine korinthische Säulenhalle besaß, die man in London nie zuvor gesehen hatte, war ihr Erfolg garantiert. Die Herzogin von Grafton lenkte James Boswell 1762 ab, weil sie „seine Blicke zu sehr anzog", so dass er die zweifellos gute Predigt nicht hörte. Auf der Liste jener, die dort heirateten, standen viele Reiche, Berühmte und Berüchtigte. Die 26-jährige Emma Hart heiratete 1791 Sir William Hamilton, gefolgt von dem Dichter Shelley 1816 (seine erste Frau hatte sich in der Serpentine ertränkt). Hier vermählten sich 1880 die Schriftstellerin George Eliot (mit John Walter Cross), Theodore Roosevelt 1886 (mit seiner Jugendliebe) und zwei Jahre nach Rose Bartons Bild der Politiker Henry Asquith. Inzwischen hatte die Kirche allerdings ihren modischen Reiz verloren, und die High Society bevorzugte St. Paul's in Knightsbridge.

Georg Friedrich Händel, der in der benachbarten Brook Street wohnte, war von 1724 bis 1759 Gemeindemitglied und spielte oft die Orgel. Bis heute wird in St. George's das jährliche Händel-Festival mit zahlreichen Konzerten abgehalten.

# FEUER

„Es gibt wohl kein schrecklicheres Geräusch auf der Welt – vor allem nachts – als den jähen Schrei ‚Feuer!'"

Vielleicht hört sich dieser Auszug aus Rose Bartons Text etwas melodramatisch an; aber Feuer war eine der größten – und am meisten gefürchteten – Gefahren im London zur Zeit Victorias und Edwards. 1834 brannte der Westminster-Palast zum größten Teil ab, und ein Feuer im Tower zerstörte 1841 die Waffenkammer und verursachte Schäden, deren Reparatur 250 000 Pfund kostete. Im 19. Jahrhundert wurde der Brandschutz besser; dennoch forderten verheerende Feuer weiter ihren Tribut. Im November 1897 brannten in Cripplegate hundert Gebäude nieder, und der Schaden betrug eine Million Pfund.

Die riesigen Lagerhäuser am Fluss waren besonders gefährdet. Für die Uferbewohner erwiesen sich die Katastrophen als Segen, denn wenn ein Teelager in Brand geriet, warf man die Kisten in den Fluss, und am nächsten Morgen sammelten Gassenjungen mit Baumwollsäcken den Tee ein und verkauften ihn.

Die Feuerwehr hatte ihre Helden. Einer der berühmtesten war ein Hund namens Chance in der Wache Watling Street, der eine Leiter hinauflief und in brennenden Gebäuden im Geröll scharrte. Wenn er jemanden fand, rannte er zurück zu seinem Herrn und bellte. Er war an seinem Kragen mit der Aufschrift „Stör mich nicht in meinem Lauf, sonst hältst du Londons Feuerwehrhund auf" leicht erkennbar. Nach seinem Tod wurde er ausgestopft und auf Jahrmärkten ausgestellt.

Bis 1904 zogen Pferde die Löschfahrzeuge. Dann wurde die Metropolitan Fire Brigade in London Fire Brigade umbenannt. 1914 war ein Fünftel der Feuerwehrmänner in der Marinereserve und wurde in den Ersten Weltkrieg geschickt, so dass die Feuerwehr stark unterbesetzt war.

# ST. MARY'S-LE-STRAND

Diese Kirche war ein überaus schönes Bauwerk neben einem Gelände, das für fröhliche Feste benutzt wurde.
Aber schon zu Rose Bartons Lebzeiten ging die Kirche allmählich im Lärm und im Verkehr unter.

St. Mary le Strand (so heißt das Bauwerk heute) war eine von fünfzig neuen Kirchen, die errichtet wurden, um die schnell wachsende Bevölkerung Londons mit Gotteshäusern zu versorgen. Dies hatte das Parlament 1711 angeordnet.

Bis ins 16. Jahrhundert bestand die Strand im Wesentlichen aus einer Reihe von Bischofspalästen. Nach der Restauration von 1660 wurden diese prächtigen Residenzen beschlagnahmt, und Edward, der Lordprotektor, ließ an ihrer Stelle einen Renaissancepalast für sich bauen – Somerset House. Während dieses grandiose Gebäude wuchs, wurde die alte Kirche, die mindestens aus dem Jahr 1147 stammte, abgebrochen, weil man Steine für das monumentale Projekt brauchte.

In der benachbarten Grünanlage stand ein Maibaum, der Mittelpunkt vieler Feste. Es war keine Überraschung, dass die Puritaner den Maibaum an der Strand 1644 entfernten; immerhin wurde er zur Freude der Kinder später bei mehreren Anlässen wieder aufgestellt. Den letzten Maibaum an der Strand ließ Isaac Newton als Stütze für das höchste Teleskop der Welt in Wanstead aufstellen.

Neben der heutigen St. Mary le Strand, die der große schottische Architekt James Gibb elegant im barocken Stil baute, sollte ursprünglich eine 76 Meter hohe Säule stehen, mit einer in Florenz gefertigten Bronzestatue von Königin Anne auf der Spitze. Dieses Element wurde aber glücklicherweise nicht in die Tat umgesetzt, denn die Königin starb. Statt der Säule überragt nun ein anmutiger, von Christopher Wren inspirierter Turm die Kirche.

Leider steht St. Mary le Strand heute allein auf einer Verkehrsinsel.

# TRINKBRUNNEN IM ST.-JAMES-PARK

Im 19. Jahrhundert waren Trinkbrunnen, die sozial eingestellte Menschen aufstellen ließen,
für die Armen in London die einzige Quelle für sauberes Wasser.

Im 19. Jahrhundert war die Themse schmutzig, verseucht und mit ungeklärten Abwässern gefüllt. Als London 1849 wieder einmal von einer Cholera-Epidemie heimgesucht wurde, schrieb ein armer, verzweifelter Einwohner an die Times: „Wir sind hier Gans ohne Apporte, Mühleimer, Kanalition, Wasserleidung und Guli." Fünfzigtausend Menschen starben allein in diesem Jahr an der Cholera.

1859 gründete der Abgeordnete Samuel Gurney, unterstützt von vielen angesehenen Bürgern, darunter der Erzbischof von Canterbury und Prinz Albert, die Metropolitan Free Drinking Fountain Association. Ihr erster Trinkbrunnen wurde am 21. April 1859 im Hof der Kirche St. Sepulchre-without-Newgate eingeweiht und bald von über 7000 Menschen am Tag benutzt. Im Jahr 1870 gab es schon 140 Brunnen. Da auch der Hund, der beste Freund des Menschen, litt, hatten die Brunnen kleine Hundetröge. Für die Pferde und die vielen durstigen Tiere, die zum Markt getrieben wurden, stellte man 153 Viehtröge auf. 1885 tranken täglich 50 000 Tiere daraus.

Viele Trinkbrunnen, zum Beispiel der abgebildete mit dem griechischen Knaben im St.-James-Park, gestiftet von Lady von Gleichen 1863, waren nicht nur nützlich, sondern, wie Rose Bartons Bild zeigt, auch schön. Das Original bei St. Sepulchre wurde restauriert und ist heute in all seiner Pracht mit Bogen, Sockel und zwei Bechern aus Marmor zu sehen.

Die Metropolitan Drinking Fountain and Cattle Association (so heißt sie seit 1867) versorgt immer noch Schulen mit Trinkbrunnen und Entwicklungsländer mit Ziehbrunnen. Außerdem restauriert sie ihre alten „Lebensretter".

# MÖWENFÜTTERUNG AUF DER BRÜCKE IM ST.-JAMES-PARK

Der St.-James-Park ist nicht nur ein Platz, an dem müde Menschen neue Kraft tanken können,
sondern auch ein wichtiger städtischer Zufl uchtsort für wilde Tiere.

Ursprünglich war der Park ein nasskaltes, sumpfiges Feld, auf dem die Schweine des benachbarten Leprakrankenhauses weideten. Nach diesem Krankenhaus wurde der Park benannt.

Heinrich VIII., der die Felder als Erster entwässerte, benutzte das Land als Kegelbahn und als Gehege für seine Hirsche. Erst Karl II. (1630–1685) ließ die vielen kleinen Tümpel zu der langen Wasserstraße verbinden, die seither The Canal heißt. Sie wurde von zahlreichen einheimischen und exotischen Vögeln bevölkert, darunter schillernde grünköpfige Stockenten, ein behinderter Kranich mit einem Holzbein und ein riesiges Pelikan-Paar, das ein Geschenk des russischen Botschafters war. Die Nachkommen der Pelikane leben heute noch im Park und amüsieren die Besucher mit ihren Possen. Fütterungszeit – es gibt natürlich frischen Fisch – ist 15 Uhr. Karl II. liebte es, seine gefiederten Untertanen in Begleitung mehrerer Mätressen zu füttern, und manchmal schwamm er sogar mitten unter ihnen, während die vielen gewöhnlichen Leute im Park gebannt zusahen.

Der Architekt John Nash weichte die harten Linien des Kanals auf und schuf einen See, der natürlicher aussah und den 1814 eine ornamentale Brücke überspannte, ein faszinierendes Gebilde in den Farben Gelb, Schwarz und Rot. Die Brücke auf diesem Bild ist die spätere eiserne Hängebrücke von 1857, entworfen von James Digby Wyatt. Auch sie wurde später abgerissen, aber die herabstoßenden, kreischenden Möwen und die Brot liebenden Enten sind noch da.

# PARLIAMENT STREET

Diese Straße, die heute als Inbegriff der gesellschaftlichen Ehrbarkeit gilt, hat eine schillernde Vergangenheit.

Die Parliament Street, ursprünglich eine schmale Gasse, die Charing Cross mit Westminster verband, tauchte 1750 zum ersten Mal in der Steuerrolle der Hauptstadt auf. Im Laufe der Jahre wurde sie so oft umgebaut, dass 1982 nur noch zwei Häuser aus dem 18. Jahrhundert erhalten waren: die Nummern 43 und 44. Ein großer Teil der Straße wurde sorgfältig restauriert und wieder aufgebaut, um Platz für das Parlamentsgebäude zu schaffen.

Aber es ist nicht der Baustil, der die Parliament Street wirklich berühmt macht, sondern die unterschiedlichen, schillernden Individuen. Isambard Kingdom Brunel, Bewohner der Nr. 53, spannte eine Schnur zwischen seiner Wohnung und der seines Freundes und Gegenübers, Sir George Burke, sehr zum Ergötzen der anderen Anlieger. An Burkes Ende befand sich eine Glocke, mit der Brunel ihn morgens weckte oder ans Fenster rief, um „telegrafische Mitteilungen zu empfangen".

Der prominenteste Bewohner der Straße war jedoch Maundy Gregory, der „Geldbeschaffer" des Premierministers Lloyd George. Der Pfarrersohn Maundy, dessen luxuriöse Büros sich in Nr. 38 befanden, war derart korrupt, dass 1925 endlich ein Gesetz verabschiedet wurde, das diese uralte Praxis verbot. Dennoch musste sich der ehemalige Premierminister Tony Blair fragen lassen, ob er Titel gegen Geld verkauft habe. Später wurde Maundy „Beschaffer" für die katholische Kirche und verkaufte päpstliche Titel, ehe er ein Hotel in Dorking erwarb, das bald als „größtes Bordell in Südostengland" galt. Angeblich beging er auch Morde. Seine alkoholsüchtige Freundin Edith Rosse wurde zweifellos vergiftet, nachdem sie ihr Testament zu seinen Gunsten geändert hatte.

Aber Maundy war nicht der einzige Mörder in der Parliament Street. Thomas Neill Cream kaufte das Strychnin, das er brauchte, um Prostituierte in Lambeth loszuwerden, in der Drogerie Priest in Nr. 22. Im Gegensatz zu Maundy, den man nie anklagte, wurde er allerdings am 16. November 1892 gehängt.

# WACHABLÖSUNG IN WHITEHALL

Große Paläste verfügten über eigene Turnierplätze, wo Männer sich im Schwertkampf üben konnten.
Durch das Tor zur Horse Guards Parade – bewacht von Kavalleristen mit glänzenden Brustpanzern – kann man heute noch
einen Blick auf den ehemaligen Turnierplatz des Whitehall-Palastes werfen, wo Heinrich VIII. seine größten Turniere abhielt.

Der Whitehall-Palast ging schon 1698 in Flammen auf, weil eine niederländische Wäscherin nachlässig gewesen war. Als Rose Barton malte, verwandelte sich Whitehall – das Herz des Empires – mit seinen baufälligen georgianischen Reihenhäusern in einen mächtigen Regierungsapparat mit neuen Gebäuden, die in einem soliden und imperialen Stil gebaut waren. Das neue Kriegsministerium und das neue Kolonialministerium, damals noch von Baugerüsten umgeben, sollten der Welt zeigen, wie stabil und stark das britische Empire war.

Whitehall ist die Straße zum Westminster-Palast, dem Herzen der Demokratie. Dort wurde 1649 Karl I. hingerichtet – vor dem Banqueting House und gleich gegenüber dieser Stelle. Nur Mitglieder der Königsfamilie dürfen durch das Tor zum Horse Guards fahren.

Hinter ihm, auf dem Paradeplatz zwischen dem pompösen Whitehall und dem ruhigen St.-James-Park, vollzog die offizielle Garde Edwards VII. zu Lebzeiten Rose Bartons jeden Tag um 11 Uhr (Sonntags um 10 Uhr) ihren Wachwechsel und wurde bis 16 Uhr jede Stunde abgelöst.

Einerlei, ob der König sich in Monte Carlo oder auf seiner Jacht in Cowes entspannte – oder auf einer der zahllosen Landhauspartys, nach denen die Aristokratie damals süchtig war –, der Wachwechsel fand statt, obwohl das königliche Banner auf dem Dach des Buckingham-Palastes fehlte. Er war so regelmäßig wie der Schlag von Big Ben, und so sollte er auch sein. Dieses Ritual ist heute noch zu sehen.

ENTERING THE HORSE GUARDS

# ST. BARTHOLOMEW'S HOSPITAL

Das St. Bartholomew's Hospital behandelt seit fast 900 Jahren Kranke.

Bart's, wie das St. Bartholomew's Hospital meist genannt wird, ist Londons ältestes Krankenhaus. Es wurde zur Zeit Heinrichs I. (1068–1135) gebaut. Rahere, ein Narr oder Jongleur am Hofe des Königs, wollte nach Rom reisen, um für sein sündhaftes Leben Buße zu tun. Als er im Ausland an Malaria erkrankte, betete er auf der Insel St. Bartholomäus – wo auch ein Tempel des Äskulap, des griechischen Gottes der Heilkunst, stand – darum, wenigstens in England sterben zu dürfen. Man sagt, ihm sei St. Bartholomäus erschienen, in Licht getaucht, und habe ihm verkündet: „Du sollst in Smoothfield (heute Smithfield) am Rande Londons in meinem Namen eine Kirche und ein Krankenhaus gründen." Und so geschah es.

Heinrich I. erteilte seine Erlaubnis, und die Bauarbeiten auf dem sumpfigen Gelände begannen. St. Bartholomäus hätte diesem schönen Krankenhaus gewiss seinen Segen erteilt, denn es kümmert sich seit damals ohne Unterlass um die Bedürftigen und Kranken. Es war eines der drei Krankenhäuser, welche die Reformation Heinrichs VIII. überlebten. Die anderen sind St. Thomas in der Lambeth Palace Road und Bethlem (Bedlam) in der Lambeth Road, ein Irrenhaus, in dem man im Mittelalter die Insassen an die Wand kettete und, wenn sie gewalttätig waren, auspeitschte oder unter Wasser tauchte. Bedlam wurde 1930 aus London hinausverlegt, und seit 1936 beherbergt ein Teil des Gebäudes das britische Kriegsmuseum. Heute ist Bart's ein weltberühmtes Lehrkrankenhaus.

# MARSCHIERENDE GARDESOLDATEN BEIM ST.-JAMES-PALAST

Das Paradieren der Wachen in ihren typischen roten Jacken und Bärenfellmützen
war und ist eine charakteristische Londoner Sehenswürdigkeit.

Damals gab es (und gibt es heute noch) fünf Garderegimenter
– Infanterieregimenter, zu deren Pflichten die Bewachung der
beiden Königsresidenzen, des Buckingham-Palastes und des nahe
gelegenen St.-James-Palastes, gehört. Ihr Aufmarsch am Morgen, der Wachwechsel, ja sogar ihre Bewegungen zwischen der
Kaserne und den Palästen haben immer Menschenmassen angelockt. Rose Barton hat eine typische Londoner Mixtur gemalt:

Bowler-Hüte, Knaben und Kinderwagen. Dort, wo sich heute
der St.-James-Park befindet, stand schon vor der normannischen
Invasion ein Leprakrankenhaus. Heinrich VIII. riss es ab, ließ
den Park einzäunen und den Palast aus dunkelroten Ziegeln bau-
en. Hier fristete die verbitterte, unglückliche Maria Tudor ihre
letzten Tage, und hier verbrachte Karl I. seine letzte Nacht vor
seiner Hinrichtung 1649.

Im London zur Zeit Edwards war der St.-James-
Palast ein besonderes Relikt. Ein Jahrhundert zuvor hatte ihn ein Feuer weitgehend zerstört. Nun
benutzte man ihn gelegentlich für Bankette, und
der Königshof, bei dem ausländische Botschafter akkreditiert waren, hieß offiziell „Hof von
St. James". Rose Barton malte dieses Bild kurz
nach der Hochzeit des Herzogs von York, des
künftigen Königs George V. in St. James. Seine
eindrucksvolle Fassade zwischen Clubhäusern
und dem Park ist heute noch für Beamte und
Touristen ein vertrauter Anblick.

# DIE THEMSE, CHARING CROSS

Die Themse in Westminster wurde häufig gemalt, im Gegensatz zu den Szenen flussabwärts,
wo Schiffe die Waren des Empire entluden.

Dieses Motiv – das Parlamentsgebäude hinter der Hungerford-Brücke – hatte schon zahllose Künstler inspiriert, vor allem J.M.W. Turner, als Rose Barton es zum Thema eines ihrer farbigsten Bilder machte. Turners stimmungsvoller Stil beeinflusste die Gemälde von James McNeill Whistler und dessen Freund Monet, der zwischen 1899 und 1904 eine atemberaubende Serie mit dem Hotel Savoy als Motiv schuf. Rose Barton kannte diese Maler und ihr Werk. Sie erzählte, sie sei einmal an dem Haus vorbeigegangen, in dem Turner am 19. Dezember 1851 starb.

Ihr Bild zeigt eine friedliche und ruhige Themse mit zwei Lastkähnen, die langsam flussabwärts treiben. In Wahrheit war der Fluss stark befahren, vor allem weiter unten, wo die meisten Fährleute arbeiteten. Sie ruderten Arbeiter von einem Ufer zum anderen und Seeleute zu ihrem Schiff oder an Land. Es war ein hartes Leben mit langen Arbeitsstunden, und immer bestand die Gefahr, von einem Dampfschiff überfahren oder von einem schweren Kahn umgekippt zu werden. Erstaunlich wenige Fährleute konnten schwimmen, und viele ertranken. Gassenjungen wateten im flachen Wasser, hoben alles auf, was sie fanden, und brachten es nach Hause oder verkauften es für ein paar Penny.

Die Männer arbeiteten am Ufer und schleppten schwere Getreidesäcke, Eisenstangen, Kisten mit leeren Flaschen oder mit Fett gefüllte Fässer. Ihre Frauen arbeiteten als Putzfrauen oder zupften den Pelz von Hasenfellen ab. Selbst hier fanden Schriftsteller und Maler wie Whistler ein romantisches Ideal: „Und wenn der Abendnebel das Flussufer mit Poesie bedeckt wie mit einem Schleier und die armen Gebäude sich am trüben Himmel verlieren und der große Schornstein zum Campanile wird und die Lagerhäuser Paläste in der Nacht sind und die ganze Stadt am Himmel hängt und vor uns das Land der Feen liegt – dann eilt der Wandersmann nach Hause."

# KLEINKINDER

Disraelis „zwei Nationen" waren in der Ära Victorias und Edwards für viele Briten Anlass zu großer Sorge.

Wohin gehen die beiden kleinen Kinder? Was tun sie nachts auf der Straße? Sie sind recht gut gekleidet, aber auch Fotos von Kindern in vielen Londoner Grundschulen zeigen kleine Mädchen aus armen Familien in hübschen Kleidern und mit Strohhüten.

Grundschulen wurden nach der Verabschiedung des Gesetzes über elementare Bildung (1870) eingerichtet, um allen Kindern den Besuch einer Schule zu ermöglichen. Diese Schulen wurden dort gebaut und betrieben, wo es keine Privatschulen gab. Seit 1876 bestand Schulpflicht, und 1880 wurde das Schulalter auf fünf bis zehn Jahre festgelegt, obwohl viele Schulen auch Klassen für Schüler ab drei Jahren hatten. Die Kinder lernten nicht nur lesen, schreiben und rechnen, sondern auch singen. Mädchen wurden in Hausarbeit unterrichtet – sie nähten, „wendeten" Kleider, um sie länger tragen zu können, mischten eine Politur für Metall und Möbel und stellten sogar Wegwerfdecken aus Packpapier her. Jungen lernten Waldarbeit und andere Fertigkeiten.

Die Klassenzimmer waren damals überfüllt – etwa 60 Schüler kamen auf einen Lehrer –, und einige Kinder mussten ihre kleinen Geschwister mitbringen. In manchen Schulen saßen unterernährte Kinder, in anderen waren die Kinder zum Lernen zu müde, weil sie um fünf Uhr morgens Milch oder spät am Abend Zeitungen austrugen. Aber sie bekamen in der Schule zu essen und erwarben wichtige Grundkenntnisse, so dass auch die Ärmsten eine – wenn auch kleine – Chance im Leben hatten.

# CROMWELL ROAD

Die Cromwell Road verläuft westlich Victoria und Albert Museum zum Earl's Court – die Entfernung beträgt ungefähr eine Meile.

Heute ist die Cromwell Road eine laute Verkehrsader, und internationale Hotels streiten sich mit Museen um mehr Platz. Aber im Jahr 1850 bestand das Land, auf dem sie gebaut wurde, noch aus üppigen Gärten. Seltsamerweise – wenn man bedenkt, dass Prinz Albert, der Gemahl Königin Victorias, den Namen auswählte – erinnert die Straße an den puritanischen Antimonarchisten Oliver Cromwell, der als Protektor (oder Diktator) im Hale House wohnte, wo die Straße jetzt in die Queen's Gate mündet.

Das naturhistorische Museum, eine Symphonie aus buntem viktorianischem Terrakotta, Türmen und Turmspitzen – wahrhaftig eine „würdige Schatztruhe für die Wunder der Schöpfung" –, beherrscht die Ecke an der Exhibition Road und ist auf dem Gemälde rechts zu sehen. Das prachtvolle Bauwerk, entworfen von Alfred Waterhouse, wurde 1881 eröffnet.

Im heutigen Museum häufen sich die Wunder. Dinosaurier grollen realistisch, und ein computeranimierter *Tyrannosaurus Rex* sucht mit Hilfe seiner „Sinne" nach Beute – auch nach arglosen Menschen. In der geologischen Abteilung brechen Vulkanmodelle aus, und Maschinen erzeugen Erdbeben. Im neuen Darwin-Zentrum schaut Archie – ein acht Meter langer Tintenfisch, den man im Meer bei den Falklandinseln lebend fing, der aber nun tot ist – grimmig aus einem mit Formaldehyd gefüllten Behälter. Andere interessante Orte in der Cromwell Road sind das Victoria and Albert Museum sowie das Baden Powell House, die internationale Jugendherberge der Pfadfinder und zugleich ein Museum zu Ehren des Gitarristen.

LONDON · THE VICTORIA AND ALBERT MUSEUM

# ST. JAMES'S STREET: MORGENEMPFANG

Obwohl der St.-James-Palast seit 1837 nicht mehr offizieller königlicher Amtssitz ist,
wird er immer noch genutzt.

In Europa war ein Levee ein formeller Morgenempfang bei Königen und anderen hohen Aristokraten. Ludwig XIV. wurde von seinem ersten Kammerdiener um 8.30 Uhr geweckt, und das Levee – das zeremonielle Aufstehen – begann. Zuerst durften Ärzte, Angehörige und die jeweiligen Günstlinge zuschauen, wie Seine Majestät gewaschen, rasiert und gekämmt wurde; dann, wenn der Tag ganz dem Levee gewidmet war, kleidete man ihn an und reichte ihm ein nahrhaftes Frühstück oder eine Brühe, bevor Frankreichs hundert wichtigste Beamte eingelassen wurden.

In Großbritannien hielt der Monarch Nachmittags-Levees im St.-James-Palast ab, die viel bescheidener waren als einst in Frankreich und dem König Gelegenheit gaben, Würdenträger zu treffen. Nur Männer waren zugelassen, und die Etikette waren streng. Lord Nelson war nach seinem glorreichen Sieg in der Schlacht am Nil ein Held in ganz Europa, und als er nach England zurückkehrte, feierten ihn die Menschen auf den Straßen. Dennoch überging ihn König George III. beim Levee am 11. November 1800, weil Nelson ein Verhältnis mit der verheirateten Emma Hamilton hatte. Der junge Prinz Albert, der künftige Gemahl von Königin Victoria, erschien zum ersten Mal an einem Levee-Tag am Hof.

Obwohl dieser Brauch mit Beginn des Zweiten Weltkrieges aufgegeben wurde, wird der St.-James-Palast heute noch benutzt, und der Königshof befindet sich offiziell immer noch dort. Botschafter werden zwar im Buckingham-Palast empfangen, sind aber am Hof von St. James akkreditiert.

# BAHNHOF SOUTH KENSINGTON

Zuerst brachte eine Dampfbahn, dann die U-Bahn die Londoner in den Untergrund.
Es war eine schnelle, aber nicht unbedingt bequeme Fahrt.

Rose Bartons Gemälde zeigen meist eine Hauptstadt, die romantischer ist, als viele Londoner sie kannten. Dies ist ihr einziges Bild von der Untergrundbahn, die 1904 für viele Menschen sehr wichtig war. Der Bahnhof South Kensington lag an der Strecke der Metropolitan District Railway, der ersten Untergrundstrecke der Welt für Passagiere. Ihr Bau begann 1860, und sie wurde 1863 eröffnet. Die Züge fuhren alle zehn Minuten und beförderten täglich 40 000 Menschen. Im Jahr 1880 waren es im erweiterten Netz bereits 40 Millionen im Jahr. Der Abschnitt von Paddington nach South Kensington wurde 1868 eingeweiht. Die District Line und der Inner Circle folgten kurze Zeit später. Die ursprünglichen Waggons waren in Abteile erster, zweiter und dritter Klasse eingeteilt. In der ersten Klasse gab es Teppiche, Spiegel und bequeme gepolsterte Sitze. Trotz dieses Komforts war der Luftvorrat das Hauptproblem der Dampfbahn. Eric Banton schrieb 1901 in Living London: „Es stimmt, dass die schwefelhal-

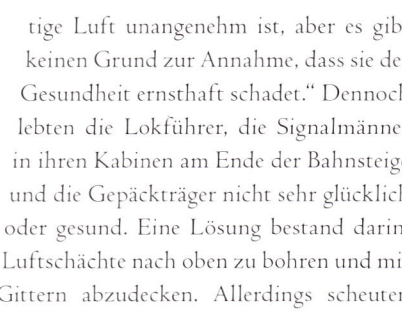

tige Luft unangenehm ist, aber es gibt keinen Grund zur Annahme, dass sie der Gesundheit ernsthaft schadet." Dennoch lebten die Lokführer, die Signalmänner in ihren Kabinen am Ende der Bahnsteige und die Gepäckträger nicht sehr glücklich oder gesund. Eine Lösung bestand darin, Luftschächte nach oben zu bohren und mit Gittern abzudecken. Allerdings scheuten die Pferde auf den Straßen, wenn diese Löcher Rauch und Dampf ausstießen.

Die U-Bahnen, die später noch tiefer verlegt wurden, waren für das Wachstum Londons äußerst wichtig. Die Linien, die durch South Kensington führten, profitierten enorm von der zunehmenden Popularität der Museen, zum Beispiel des Naturgeschichtlichen Museums (1881 eröffnet), und von Ausstellungen im alten Victoria und Albert Museum. Earl's Court wurde 1887 mit der ersten großen American and Buffalo Bill Show eröffnet. Die District Line nutzte die Gelegenheit und verkaufte kombinierte Eisenbahn- und Eintrittskarten.

# BROMPTON ROAD, BLICK NACH OSTEN

Die Brompton Road war schon 1904 eine der vornehmsten Einkaufsstraßen Londons und ist es bis heute.

Die Brompton Road war einst ein schmaler Weg, der zum Weiler Brompton führte, im 13. Jahrhundert Broom Farm genannt. Heute ist sie eine breite, kurvige Straße, die einige der exklusivsten und teuersten Grundstücke Londons durchquert.

Harrods, ihr größtes Kaufhaus, begann als kleines Lebensmittelgeschäft, das Charles Harrod 1849 im damaligen Dorf Knightsbridge eröffnete. Bald verkaufte er auch Arzneien, Parfüm, Obst und Schreibwaren. Im Jahr 1880 hatte er hundert Mitarbeiter, und 1889 wurde aus Harrods eine Aktiengesellschaft. 1927 wetteten die Direktoren von Harrods und Selfridges (in der Oxford Street), dass ihre Firma die größten Gewinne abwerfe. Gordon Selfridge verlor und schenkte Harrods ein großes silbernes Modell seines einzigartigen Gebäudes.

Harrods' Motto war und ist: „Alles für alle und überall." Diesem Grundsatz ist die Firma treu geblieben. A.A. Milne fand den originalen Winnie the Pooh in der Spielzeugabteilung und kaufte ihn für seinen Sohn. Sigmund Freud wurde von Harrods Bestattungsservice einbalsamiert, und Kunden, die ihre Uhr aufziehen lassen wollten, konnten den Aufziehservice in Anspruch nehmen.

Die Brompton Road hatte einst einen eigenen U-Bahnhof, der jedoch am 29. Juli 1934 geschlossen wurde, weil der Bahnhof Knightsbridge – der als direkte Verbindung zu Harrods gebaut worden war –, größere Bedeutung gewonnen hatte. Der Bahnhof wurde zu einem Luftschutzbunker umgebaut und bis 1955 als solcher benutzt.

Heute ist er ein Geisterbahnhof, den man „aus Sicherheitsgründen" nicht besuchen darf. Vor mehreren Jahren versuchte ein Neugieriger einzudringen. Man fand seine Leiche in einem 33 Meter tiefen Belüftungsschacht. Offenbar war er durch das Dach gefallen.

# CONSTITUTION HILL: DIE BLAUEN

Constitution Hill ist die Prachtstraße, die vom Buckingham-Palast am Rande des Green Park
entlang zur Hyde Park Corner führt. Im Sommer sieht man hier viele Parkwächter und Kinderwagen,
an stürmischen, nassen Wintertagen – wie auf dem Bild – Soldaten der berittenen Garde.

Ein halben Jahrhundert, bevor Rose Barton dieses Bild malte, wurde Premierminister Sir Robert Peel hier bei einem Sturz vom Pferd tödlich verletzt. Königin Victoria überstand nicht weniger als drei Mordanschläge, als sie auf dieser Straße an der Mauer des Buckingham-Palastes entlang fuhr. Niemand weiß, wie der Hügel zu seinem Namen kam. Manche nehmen an, dass Karl II. hier spazieren ging, um etwas für seine „Konstitution" zu tun.

Die Soldaten gehören zur königlichen Garde, einem der ältesten Regimenter der britischen Armee. Wegen der Farbe ihrer Uniformen nennt man sie auch „The Blues". Das Regiment wurde von Karl II. gebildet, und seine Bezeichnung „königlich" ist eine Belohnung dafür, dass die Soldaten ihn in den gefährlichen Jahren nach der Wiederherstellung der Monarchie (1660) schützten.

1892 waren die Blauen eben erst aus dem schrecklichen Burenkrieg in Südafrika zurückgekehrt. Rose Barton malte sie, als sie kurz nach dem Wellington Arch (an seinem neuen Platz oben auf dem Constitution Hill) durch den Nieselregen ritten. 1912 wurde dem Bogen eine Riesenstatue aufgesetzt – „Friede senkt sich auf die Quadriga des Krieges" –, die ihn heute dominiert. Die Blauen ritten gewiss stolz am Bogen vorbei, denn sie erwarben sich in der Schlacht von Waterloo (1815) unter dem Herzog von Wellington großen Ruhm. Sie eroberten ein Adlerbanner von einem Regiment Napoleons und tragen seither zur Erinnerung an diese Glanzleistung einen kleinen Adler auf den Schultern.

# VILLIERS STREET, CHARING CROSS

Die Villiers Street ist heute noch eine geschäftige Durchgangsstraße. Samuel Johnsons Worte „Ich glaube,
die ganze Welt versammelt sich am Charing Cross" sind heute noch so zutreffend wie damals.

Die Villiers Street wurde auf dem Anwesen von George Villiers, dem Herzog von Buckingham (1592–1628) gebaut, das York House hieß. Obwohl Villiers ein Günstling von König Karl I. war, zog er sich den Zorn des Parlaments zu, weil er im Krieg gegen Frankreich versagte und Karls Ehe mit einer Katholikin arrangierte. 1628 wurde er ermordet; aber später verewigte Alexandre Dumas sein aufregendes und kurzes Leben in den berühmten *Drei Musketieren*.

Villiers Anwesen wurde an Makler verkauft, und 1674 machte Nicolas Barbon – der Sohn eines seiner alten Feinde im Parlament – das Gebäude dem Erdboden gleich und errichtete modische Kaffeehäuser und Kneipen für die aufstrebende Mittelschicht. In den 1860er-Jahren wurde die Westseite der Straße abgerissen, um Platz für den Bahnhof Charing Cross zu schaffen – ein Tor zu einer großen, exotischen Welt. Hier begann Phileas Fogg, der Held in Jules Vernes *In 80 Tagen um die Welt*, 1872 mit seinem skeptischen Diener Passepartout an der Seite in einem bequemen Erste-Klasse-Abteil seine Reise. Rudyard Kipling, eben aus Indien zurückgekehrt, wohnte von 1889 bis 1891 in Nr. 43, wo er *Das Licht erlosch* schrieb, sein wichtigstes Werk für Erwachsene – die tragische Geschichte eines Mannes, den seine Liebste verließ, als er blind wurde.

# FLEET STREET

Die Fleet Street, einst Zentrum der britischen Presse, ist zu ihren Ursprüngen zurückgekehrt und heute
wieder eine gewöhnliche Durchgangsstraße zwischen der City und Westminster.

Die Fleet Street wurde nach dem benachbarten unterirdischen Fluss
Fleet benannt, der im höher gelegenen Hampstead und Kenwood
entspringt und durch die Stadt in die Themse fließt. Seit etwa 1500
wurde die Fleet Street mit der Presse assoziiert. Damals zog Wyn-
kyn de Worde – ein passender Name – von William Craxtons altem
Haus in Westminster in die Fleet Street um und druckte 800 Bücher, eine damals enorme Zahl.

Am 11. März 1702 erschien die erste Zeitung, der *Daily Courant*,
gefolgt vom *Morning Chronicle*. Später berichteten Blätter dieser Art
sensationslüstern über einen der berühmtesten
Bewohner der Fleet Street: Sweeney Todd,
den dämonischen Barbier, der sein Geschäft
in Nr. 186 einrichtete und über 150 Kunden
ins Jenseits beförderte. Während sie auf dem

Stuhl saßen, öffnete sich eine Falltür, und
sie stürzten in den Keller, wo Todd ihnen
die Kehle durchschnitt. Margery Lovett,
seine Freundin, besaß in der Nähe einen
Pastetenladen, der mit Todds Keller durch
einen Tunnel verbunden war. Sie machte
aus Todds Opfern frisch gebackene Pa-
steten – eine perfekte Partnerschaft. Am
25. Januar 1802 wurde Todd gehängt; seine
Freundin fand man im Gefängnis New-
gate vergiftet auf.

Die Journalisten und Drucker in der
Fleet Street tranken eine Menge – deshalb
gab es dort viele Kneipen. Die Punch Ta-
vern, ursprünglich Crown and Sugarloaf,
einst ein glitzernder, prächtiger Ginpalast
mit Spiegeln, Marmor und Flair, wurde 1893 von den
Brüdern Baker gebaut. Die Old Bell, 1670 gebaut, schenkt den Durstigen heute noch Ale aus, ebenso die düstere Olde Cheshire Cheese,
die nach dem großen Feuer wieder aufgebaut wurde und Stammgä-
ste wie Charles Dickens und Theodore Roosevelt hatte.

Die Fleet Street beherrschte das Zeitungsgeschäft, bis Rupert
Murdoch mit der *Sun*, den *News of the World* und der *Times* nach
Wapping umzog. Heute ist dort keine ein-
zige große Zeitung mehr zu finden. Zu allem
Überfluss ließ Murdoch im Juni 2005 für die
alten Blätter der Fleet Street in St. Bride einen
Gedenkgottesdienst abhalten.

# WARTENDE DAME

Für zahllose Eltern und Kinder war und ist Kate Greenaway die berühmteste Illustratorin aller Zeiten.

Das kleine Mädchen, das sichtlich missmutig auf einem unbequemen Stuhl sitzt, könnte eines der Kleider von Liberty of London tragen, die von Kate Greenaway inspiriert und bei der Mittelschicht sehr beliebt waren. Sogar die Franzosen übernahmen diesen Stil. Kate Greenaways Bücher und Illustrationen beherrschten zur Zeit Victorias und Edwards die Kindergärten, und ihre Bilder – Kinder pflücken Blaubeeren, pusten Seifenblasen oder werfen in endlosem, idyllischem Entzücken Bälle – wurden das viktorianische Ideal der Kindheit.

Die Tochter eines Meistergraveurs und einer geschickten Näherin studierte an der Slade-Kunsthochschule. Zu Beginn ihrer Karriere entwarf sie Grußkarten und zeichnete Karikaturen für die *Illustrated London News*. Der technische Fortschritt ermöglichte in den 1860er Jahren die Massenproduktion von Büchern, und dank der besseren Schulbildung entstand ein neues Publikum. Ihr erstes Buch *Under the Window: Pictures and Rhymes for Children*, 1879 veröffentlicht, wurde sofort ein Bestseller. Der verantwortliche Graveur Edmund Evans hatte keine Kosten gescheut und die zarten Aquarelle mit vierfarbigen Blöcken gedruckt. Die mit 20 000 Exemplaren außergewöhnlich hohe Auflage war bald ausverkauft, und er musste sofort weitere 70 000 Stück drucken. 1884 erschien *The Language of Flowers*, wobei die Hälfte der ersten Auflage von 19 500 Exemplaren nach Amerika geschickt wurde. Eine ganze Kate-Greenaway-Industrie war geboren. Bald gab es Tapeten, Teller, Schals und Puppen, um die unersättliche Nachfrage zu befriedigen.

Kate Greenaways eigene Kindheit war glücklich. Später erinnerte sie sich: „Es ist ein sehr schönes Gefühl, in diesem kindlichen Wunder zu leben – ich erinnere mich so gut daran. Ich sah in und hinter allen Dingen etwas Besonderes. Die goldene Brille war sehr, sehr groß."

# TOTTENHAM COURT ROAD

Die Totenham Court Road wurde im 19. Jahrhundert die Hauptstraße für Möbel.

Ursprünglich verlief die Tottenham Court Road von der Oxford Street zum Tottenham Court nördlich der Euston Road. Sie war bekannt für den Markt in der benachbarten Whitecross Street mit Ständen, die von Öllampen oder Kerzen in ausgehöhlten Rüben beleuchtet wurden. Dort wurde vor allem Essen zum Mitnehmen verkauft, aber auch alte Schuhe und neue Hemden, Besteck und Geschirr. Der ländliche Charakter der Straße war 1840 noch unverkennbar, als John Harris Heal Land pachtete, das zur Capper's Farm gehörte, und ein neues Geschäft eröffnete. Er musste für „die geeignete Unterbringung von mindestens 40 Kühen sorgen". Die Kuhställe brannten 1877 ab.

Heal & Son Ltd. wurden eine bekannte Marke, als Ambrose Heal Ende des 19. Jahrhunderts in die Firma eintrat. Seine schlichten, schönen und praktischen künstlerischen und kunsthandwerklichen Möbel waren sofort beliebt. „Überall herrscht reine Einfachheit und Ruhe", rühmt der Katalog der Pariser Weltausstellung von 1900 seine preisgekrönten Designs. Noch wichtiger waren die Preise. Die vorzüglichen Möbel wurden in hoher Stückzahl zu vernünftigen Preisen angefertigt. Allerdings reagierten die Engländer auf seinen Erfolg typisch verwirrt. Der Möbelhersteller Gordon Russell schrieb später: „Viele Handwerker misstrauten ihm, weil er ein erfolgreiches Geschäft führte. Und die meisten Geschäftsleute hielten ihn für einen langhaarigen Kerl mit merkwürdigen Ideen."

1841 bekam die Tottenham Court Road weitere wichtige Bewohner, als John Maple und sein Partner sich als Tuchgroß- und Einzelhändler, Möbelschreiner und Einrichtungslageristen niederließen. Bald konnten sie „zehntausend Bettgestelle in 600 Stilarten" anbieten und sofort liefern. Etwa zwölf Jahre später belieferte Maples von seinem umgebauten Lager aus jedermann mit Möbeln – Königin Victoria ebenso wie indische Prinzen und den russischen Zaren. 1905 eröffnete Maples eine Filiale in Paris, und in den 1930er Jahren waren sie „das größte Möbelhaus der Welt".

Heute ist Heal & Son zwar nicht mehr in Familienbesitz, aber immer noch erfolgreich. Maples wurde leider durch eine große Elektronikfirma ersetzt.

# DREI KLEINE ENTEN

Nichts, so scheint es, könnte die Welt dieses kleinen, selbstsicheren Kindes stören, das in einem Londoner Park den Enten zuschaut.

Das Kind auf Rose Bartons Bild trägt einen rosa Mantel, ein rosa Kleid und kleine Stiefel. Es verkörpert ein Idyll, das weit von der Realität der armen Kinder entfernt war – die meisten von ihnen mussten schon in jungen Jahren arbeiten. Die Armen trugen vielfach geflickte und nicht zueinander passende abgelegte Kleidungsstücke. Dieses Mädchen ist gut angezogen, und was es unter dem Mantel und dem Kleid trägt, könnte erstaunlich aufwändig sein. Um 1880 bestand die Unterwäsche eines Kindes aus einem Unterhemd, einem knielangen Baumwollhemd, einem auf dem Rücken wattierten Korsett mit Knöpfen für Träger an der Taille, Strumpfhaltern, einem Flanellunterrock und langen Strümpfen. Das alles bedeckte ein weißer Unterrock mit Mieder.

Die Kindermode war damals so wichtig wie heute, sowohl für die Eltern der Mittelschicht als auch für die Einzelhändler, deren Gewinn von der neusten Mode abhing. Alles, was die Königsfamilie tat, wurde sklavisch und unverzüglich nachgeahmt. So kamen 1849 Faltenröcke für Knaben in Mode, als ein Gemälde den Prinzen von Wales in einem schottischen Kilt zeigte. Diese „schottische" Kleidung trug man von 1850 bis in die 1870er Jahre. Weite Kniehosen, eine Idee aus den USA, wurden durch Matrosenanzüge ersetzt, von denen in den 1880er Jahren Tausende verkauft wurden. Kopf-

bedeckungen waren obligat – für Mädchen entweder eine kleine Haube oder ein reich mit Blumen und Bändern verzierter Hut. Basken- und Schottenmützen mit modischer Quaste waren ebenfalls beliebt.

Kate Greenaway veränderte die Kindermode sofort. Auf ihren Bildern tragen die Kinder eher Kleider im Régence als im viktorianischen Stil: die Jungen Bauernkittel, die Mädchen Schürzen mit hoher Taille, Kleider, Spitzenhäubchen und Strohhauben. Liberty of London benutzte ihre Zeichnungen als Vorlagen für Kinderkleider, die wohlhabende Familien kauften.

# BUS IN HAMMERSMITH

Pferde waren für das explosive Wachstum des Transportwesens im 19. Jahrhundert unerlässlich; aber Anfang des 20. Jahrhunderts wurden Motorfahrzeuge häufi ger und verkündeten das Ende der Pferdefuhrwerke.

Am 4. Juli 1829 begann George Shillibeer, ein Kutschenbauer und Mietstallbesitzer in der Bury Street in Bloomsbury, mit seinem ersten regelmäßigen Busservice von Paddington über den Regent's Park zum Bahnhof Bank. Die Fahrt dauerte etwa eine Stunde. Das neue Transportmittel war nicht in England erfunden worden. Shillibeer hatte den Omnibus in Paris gesehen, und für seine ersten Fahrzeuge warb er mit dem Slogan: „Eine neue Kutsche nach Pariser Mode". Die Bezeichnung „Omnibus" stammte aus Nantes in Frankreich, wo ein Monsieur Omnes seinen Namen zu einem witzigen lateinischen Begriff erweiterte: Omnes Omnibus („Alle für alle"). Shillibeers „Omnibus" beförderte etwa zwanzig Passagiere und wurde von drei Pferden gezogen. Die Idee setzte sich schnell durch, und in den 1840er Jahren hatten diese Busse die alten kurzen Kutschfahrten vollständig ersetzt. Passagiere winkten einen Bus an der Straße heran oder klopften aufs Dach, um ihn anzuhalten. Von Pferden gezogene Busse waren

bei allen beliebt, die sich keine eigene Kutsche oder ein Automobil leisten konnten.

Die Plätze in den Pferde- und Motorbussen waren bis 1925 „ganz oben" erheblich billiger; dann fuhren die ersten überdachten Busse. Nirgendwo, bemerkte Gladstone, hätte man London und das Stadtleben besser sehen können als auf dem Dach eines Londoner Busses. Wegen dieser harten Konkurrenz musste Shillibeer Konkurs anmelden. Er war gezwungen, sich anzupassen, baute seine Busse zu „Shillibeers Bestattungskutschen" um und wechselte den Beruf.

Im Jahr 1900 zogen rund 50 000 Pferde die unterschiedlichen Fahrzeuge, welche die Londoner zur Arbeit und zum Spiel brachten. Sie erzeugten täglich fast 1000 Tonnen Mist, den man mit Mistkarren einsammelte und zu riesigen Haufen aufschüttete, bevor er an Gärten wie Lee Valley in Essex verteilt wurde. Der Schmutz war so schlimm, dass Kinder und alte Männer reichen Fußgängern einen Weg bahnten und sich damit ein Taschengeld verdienten. Pferdebusse wurden von selbstständigen Unternehmern bis 1914 benutzt.

# NELSONSÄULE UND SÄULENHALLE VON ST. MARTIN'S-IN-THE-FIELDS

Nelson – der Held der Schlacht von Trafalgar – betrachtet Whitehall von seiner 51,5 Meter hohen Säule auf dem Trafalgar Square aus.

Die mit Spendengeld finanzierte Nelson-Säule wurde 1842 vollendet. Ein Jahr später kam die 3,66 Meter hohe Statue hinzu. Auf dem Trafalgar Square, den der Architekt John Nash 1840 umgestaltete, durfte man Großbritanniens imperiale Größe nicht vergessen. An jeder Seite des Sockels ist einer von Nelsons Siegen dargestellt, und vier Löwen umgeben das Denkmal. Im Jahr 1900 erinnerten drei Statuen auf dem Platz an Feldherren, die das britische Weltreich vergrößert hatten. (Die vierte Statue, auf dem Bild sichtbar, stellt König George IV. dar.)

Zwietracht spielt in der Geschichte des Trafalgar Square ebenfalls eine große Rolle. Dort fanden zahllose politische Veranstaltungen und Kundgebungen statt. In den 1840er-Jahren demonstrierten Chartisten, Anfang des 20. Jahrhunderts die Suffragetten und in den 1990er-Jahren erboste Steuerzahler.

Die heutige Kirche von St. Martin-in-the-Fields (dies ist die

moderne Schreibweise) ist die Dritte. Die Erste war eine kleine Kapelle, gebaut von Mönchen der Westminster Abbey, die im Mittelalter hier in ihrem Klostergarten arbeiteten. Die Kirche, die wir heute sehen und die Rose Barton kannte, wurde von James Gibbs entworfen und 1726 vollendet. St. Martin-in-the-Fields hat eine ganze Menge berühmter Leute gesehen: Hier wurde 1630 Karl II. getauft, und hier wurden unter anderem der elisabethanische Miniaturmaler Nicholas Hilliard, Nell Gwynne (1687), der Wegelagerer Jack Sheppard und der Möbelschreiner Thomas Chippendale beerdigt. „The Fields" bezieht sich auf die Umgebung der ersten, mittelalterlichen Kirche, die von den Mönchen in Westminster benutzt wurde.

# BELL INN, HOLBORN

Das alte Bell Inn gehörte ebenfalls zu den Winkeln im mittelalterlichen London, die Rose Barton
für die Nachwelt festhalten wollte.

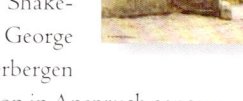

Das baufällige Gebäude, vor dem eine schwarze Katze sitzt, hat seine glorreichen Tage längst hinter sich. Das Old Bell in der Holborn 123 mit seinen ungewöhnlichen Galerien rund um den Hof war im Jahr 1900 verschwunden. Man hatte es wegen der umfangreichen Sanierung abgerissen, die bereits im Gang war, als Rose Bartons Buch erschien. Unter anderem wurde ein neuer Straßenbahn-Umsteigebahnhof an der Kreuzung Holborn-Kingsway gebaut.

Ein Jahrhundert zuvor war Holborn mit Gasthöfen und Kneipen übersät, die gleichzeitig Umsteigestationen auf dem Weg nach London waren. Droschken aus den Midlands sowie aus dem Süden und Westen Englands fuhren zu bestimmten Tageszeiten am The Bell und an den anderen Herbergen entlang der Holborn vor. Wer regelmäßig reiste, mietete oft Zimmer, ehe er am nächsten Morgen nach London fuhr. Erzbischof Robert Leighton, der fromm und zögernd das Amt eines der neuen schottischen Bischöfe unter Karl II. übernahm, wollte in einer Herberge sterben, und dieser Wunsch wurde ihm 1684 im The Bell erfüllt. Etwas früher zu dieser Zeit hatten Schauspieler die Gäste, die sich auf den Balkonen drängten, mit Stücken von Shakespeare unterhalten. Das taten sie auch im George Inn in Southwark, einer der Londoner Herbergen mit Balkon, die von Rose Bartons Generation in Anspruch genommen wurden.

Im Jahr 1904 brauchten Reisende von Leightons Haus in Sussex etwa eine Stunde, um mit den grünen und messingfarbenen Zügen der South Eastern & Chatham Railway zum Charing Cross zu fahren. Dann fuhren sie in einem der 2500 Pferdebusse durch die Stadt.

# ST. MARTIN'S-IN-THE-FIELDS

St. Martin-in-the-Fields beherbergt das London Brass Rubbing Centre und war 1924 Schauplatz des ersten im Rundfunk übertragenen Gottesdienstes unter dem charismatischen Dick Sheppard.

St. Martin-in-the-Fields (in der heutigen Schreibweise) wurde 1222 zum ersten Mal offiziell erwähnt. Es war eine winzige, von Feldern umgebene Kapelle für die Mönche von Westminster. Heinrich II. baute eine neue Kirche an gleicher Stelle und erweiterte die Grenzen der Pfarrei, damit Pestopfer nicht durch seinen Palast getragen wurden. Die Pest wütete im England des 15. und 16. Jahrhunderts – während der Epidemie von 1499 bis 1500 starben etwa 20 000 Menschen. Catherine von Aragon, Heinrichs VIII. erste Frau, fürchtete sehr um sein Leben, „obwohl ich keine Prophetin bin".

Heute ist die Kirche ein Wahrzeichen. Sie wurde von 1722 bis 1726 wieder aufgebaut und ist ein vorzügliches Beispiel für die Baukunst James Gibbs. In Amerika wurde sie häufig nachgebaut. Außerdem ist sie auf der ganzen Welt berühmt für ihre humanen und pragmatischen Christen. Für Dick Sheppard, den Pfarrer von 1914 bis 1927, war St. Martin „die Kirche der immer offenen Tür". Er nahm obdachlose Soldaten auf, die im Ersten Weltkrieg aus Frankreich zurückkehrten. Auch heute noch hilft St. Martin den Obdachlosen, Verlorenen und Hungrigen, unabhängig von ihrem Glauben und ihrer Herkunft. Die Pfarrei trug entscheidend zur Gründung von Shelter und der Straßenzeitung Big Issue bei.

Die Kirche ist bekannt für ihre Konzerte, oft bei Kerzenlicht, und besitzt ein hervorragendes Café.

# WATERLOO BRIDGE

Die Themse, die das Verkehrschaos, den Lärm und den Smog widerspiegelt,
war Anfang des 20. Jahrhunderts typisch für London.

Diesen Blick auf den Fluss vom Victoria Embankment unter der Waterloo Bridge aus malte Rose Barton nur wenige Jahre vor einer der berühmtesten Serien von Londonbildern aller Zeiten. Von 1899 bis 1904 malte der große französische Impressionist Monet auf dem Balkon seines Zimmers im fünften Stock des Hotels Savoy fast hundert Szenen, nur wenige Meter von dieser Stelle entfernt. „Ohne den Nebel", sagte er, „wäre London keine schöne Stadt." Auch Rose Barton hat den Nebel und den Rauch sowie den fernen Big Ben festgehalten.

Die Hunderte von Stufen hinab zum Fluss, von einer Seite Londons zur anderen, einst der Zugang zu Tausenden von kleinen Booten, wurden zu Lebzeiten Rose Bartons seltener benutzt. Aber die Schlepper, Fähren und Kähne flitzten so energisch hin und her wie eh und je, während die großen Schiffe nur bis zur Tower Bridge und den Docks fuhren.

Waterloo Bridge wurde 1817 vollendet, zwei Jahre nach der berühmten Schlacht mit dem gleichen Namen. Sie musste ständig repariert werden, und als Rose Barton sie malte, wurde erwogen, sie abzureißen. Das geschah im Zweiten Weltkrieg. Vorher aber wurden hier drei Hollywoodfilme gedreht, die alle „Waterloo Bridge" hießen; sie spielen nur wenige Jahre, nachdem dieses Bild entstand.

# STADTPLÄNE LONDONS

1902 veröffentlichten George Philip and Son *Philip's Handy-Volume Atlas of London*. Er bestand aus 55 farbigen Teilkarten im Maßstab drei Zoll zu einer Meile sowie 12 speziellen Karten und Plänen, zum Beispiel von Westminster Abbey. Zudem enthielt er ein Verzeichnis der öffentlichen Gebäude und Informationen über Eisen- und Straßenbahnen und Dampfer. Wir haben acht dieser Karten reproduziert (Tafeln 15, 16, 17, 22, 23, 24, 29 und 30). Sie zeigen das Stadtzentrum (siehe „Index Map" unten) und alle Plätze, die Rose Barton gemalt hat. Legenden und Anmerkungen zu den Karten finden Sie auf Seite 174.

PRINCE OF WALES

CHALK FARM

CHALK FARM STN.

PRIMROSE HILL PARK

BARROW HILL

GLOUCESTER GATE

St. Katharine's Lodge

ZOOLOGICAL GARDENS

Entrance

Baptist College

Band Stand

Kiosk

REGENT'S PARK

St. Dunstans

Boat Ho. Suspension Br.

Suspension Bridge

St. Johns Lodge

The Holme

INNER CIRCLE

ROYAL BOTANIC GARDENS

South Villa

Clarence Gate

Toxophilite Society

CHESTER

BROAD WALK

Lord's Cricket Ground

Clergy Orphan Asylum

YORK TERRACE

ULSTER

CENTRAL TERMINUS

Plan of the ZOOLOGICAL GARDENS

REGENTS PARK

MAIN ENTRANCE

OUTER CIRCLE

PUBLIC DRIVE

SOUTH ENTRANCE

CRANES

PHEASANTS

CRANES

Handy-Volume Atlas of London
Adjoining Plate 15
REGENT'S
PARK
ROYAL BOTANIC
GARDENS
ALBERT ROAD
PRINCE OF WALES
CHALK FARM
CUMBERLAND PL.
ALBANY STREET
HAMPSTEAD ROAD
CROWNDALE ROAD
EUSTON SQ.
ENDSLEIGH GARDENS
GOWER STR.
TOTTENHAM COURT
PORTLAND PLA
HARLEY STR.
PARK CRESCENT
YORK TERRACE
MIDLAND RAILY. GOODS & COAL STATION
George Philip & Son.

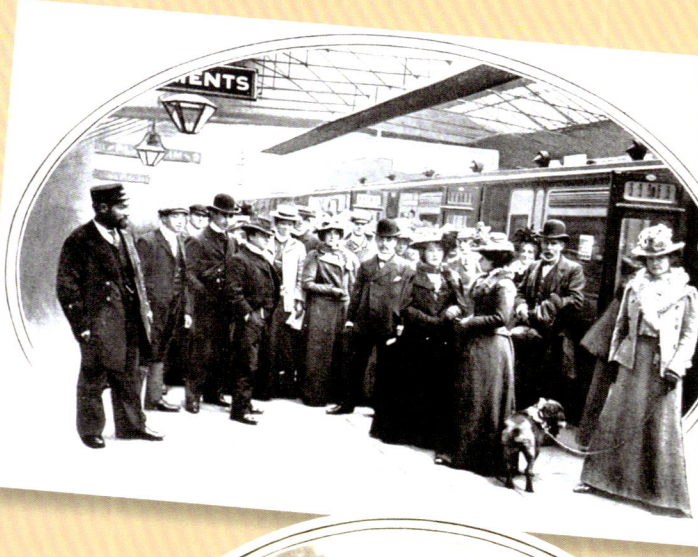

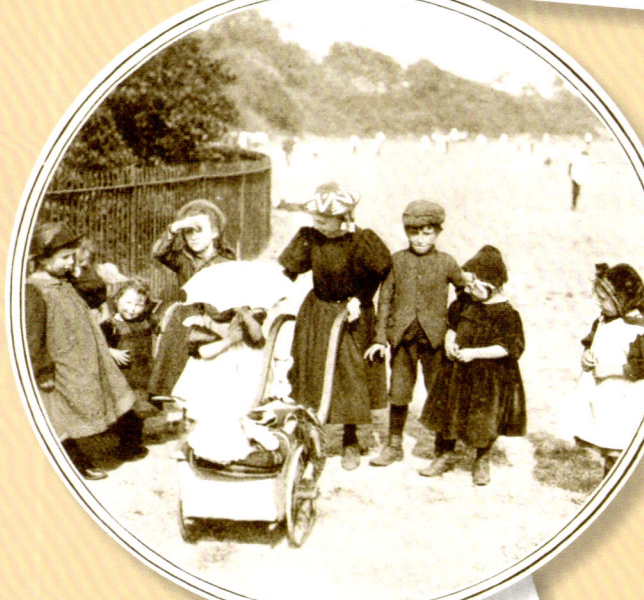

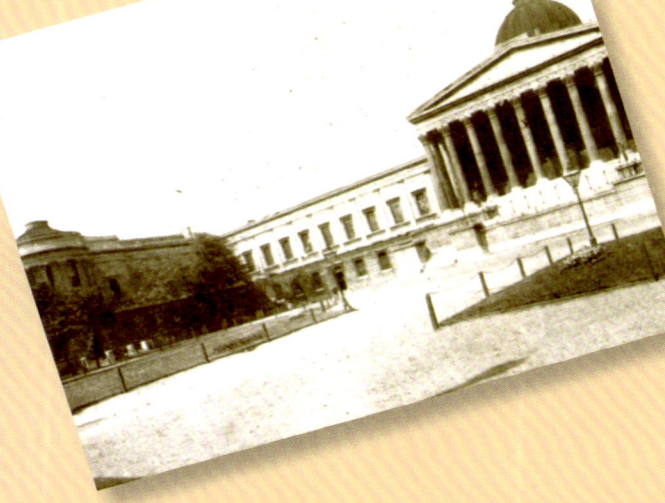

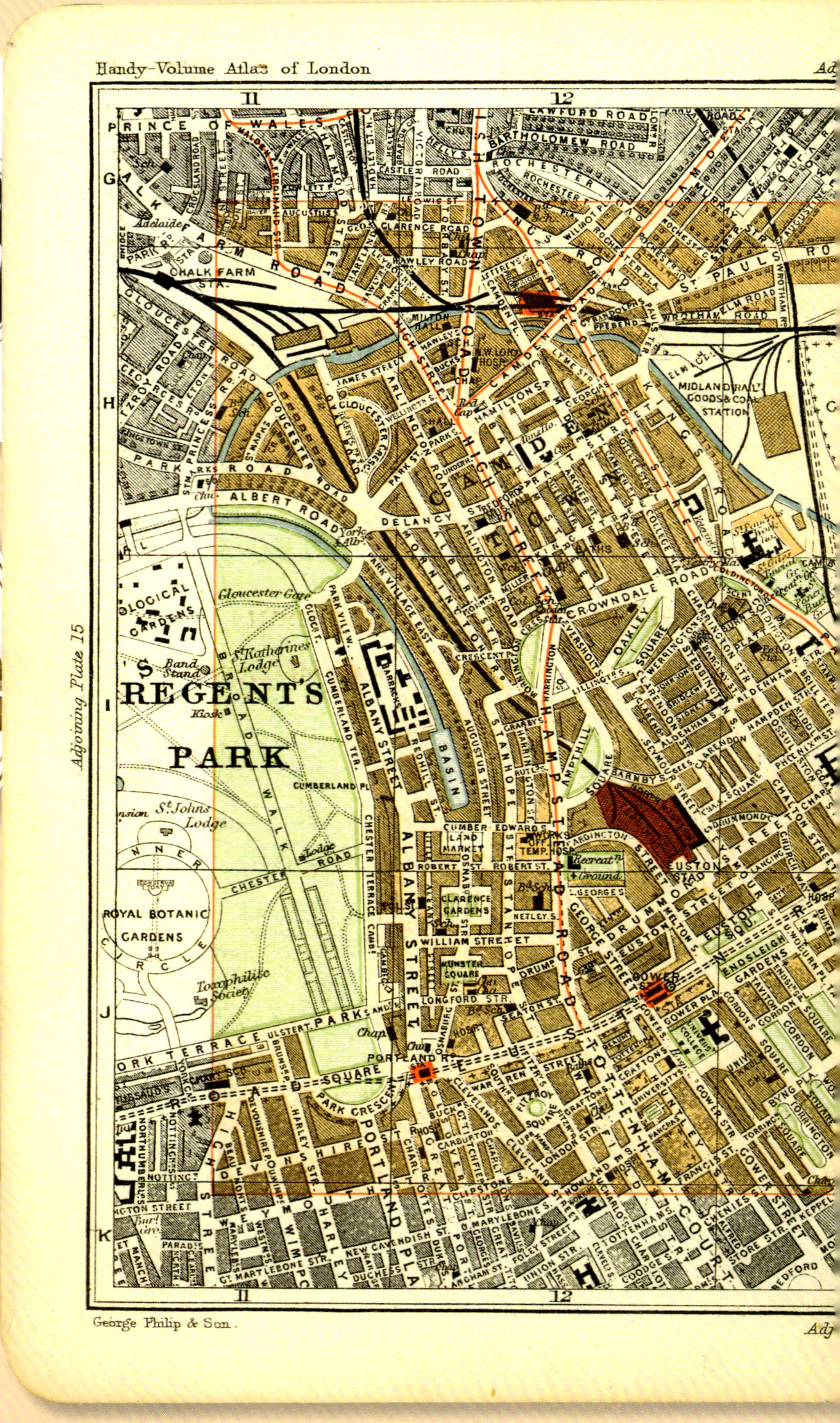

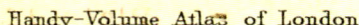

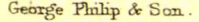

Adjoining Plate 17

G. N. R.

Series P

Series P

BRADFORD

BRADFORD

BRADFORD

to

KING'S CROSS

KING'S CROSS

KING'S CROSS, LONDON

Fare 15s.10½d. Via Carcroft Fare 15s.10½d.

Fare 15s.10½d. Third Class Fare 15s.10½d.

SEE CONDITIONS ON BACK.

1072

1072

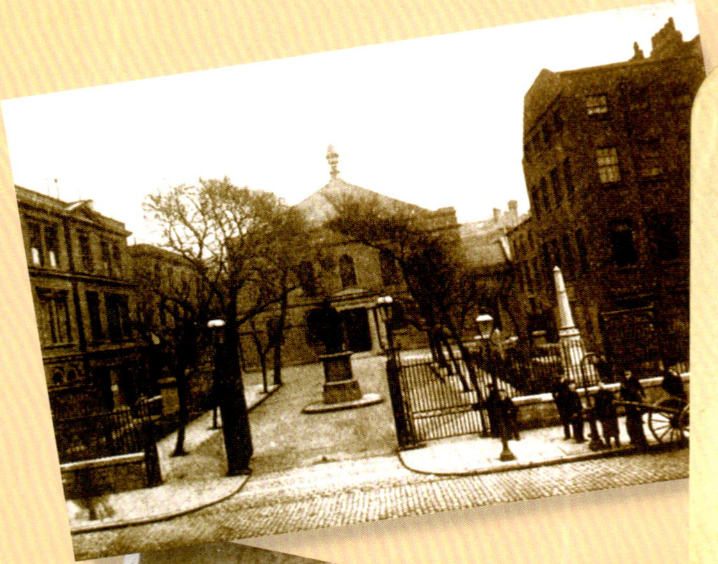

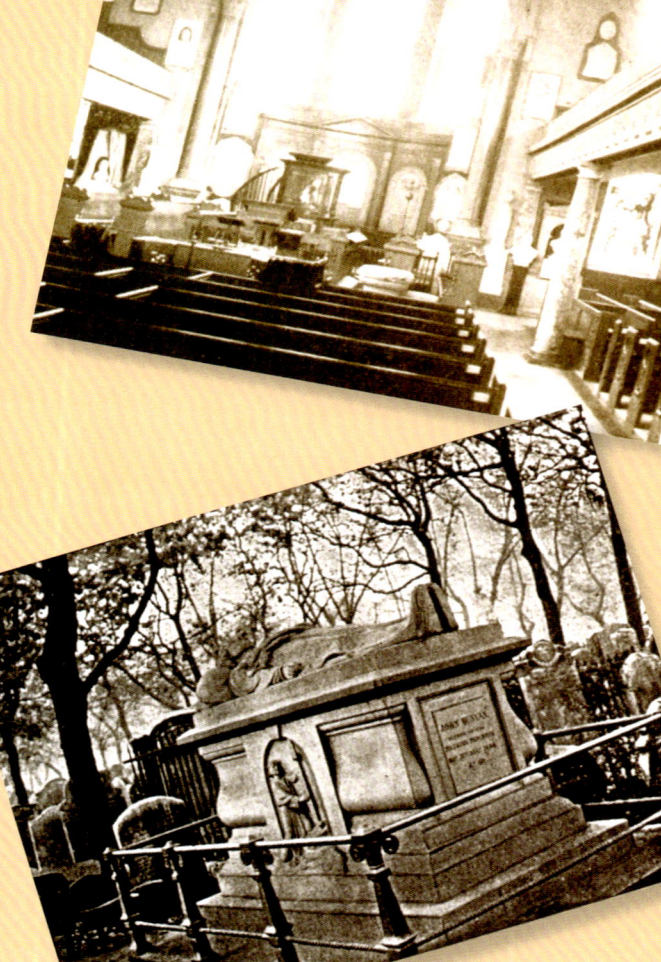

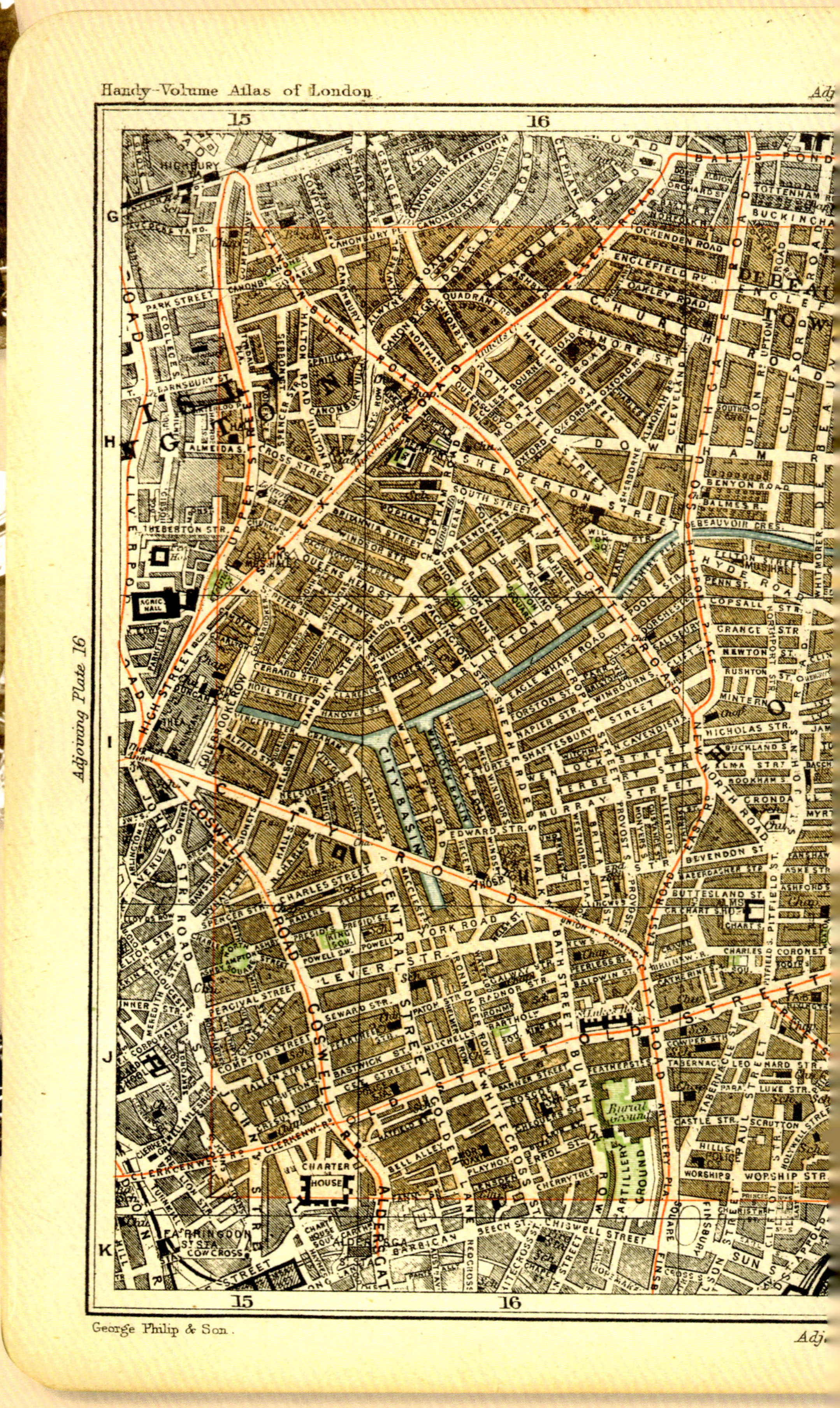
Handy-Volume Atlas of London
Adjoining Plate 16
CITY BASIN
CENTRAL STREET
GOSWELL ROAD
BUNHILL ROW
CHARTER HOUSE
ALDERSGATE
BARBICAN
CHISWELL STREET
ARTILLERY GROUND
Burial Ground
FARRINGDON
CANONBURY
SHEPHERDESS WALK
George Philip & Son.

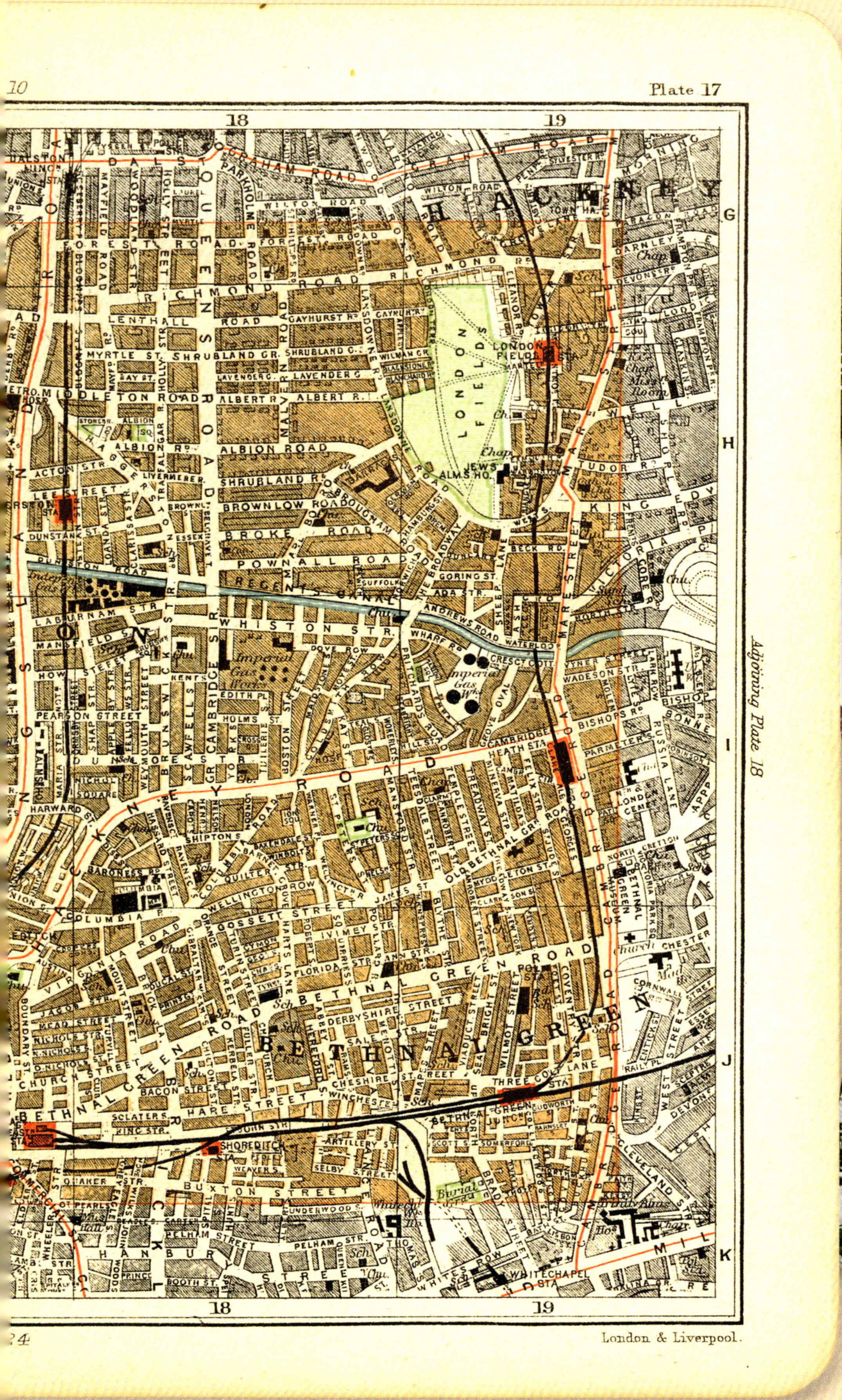
10
Plate 17
HACKNEY
LONDON FIELDS
REGENT'S CANAL
HACKNEY ROAD
BETHNAL GREEN
Adjoining Plate 18
24
London & Liverpool.

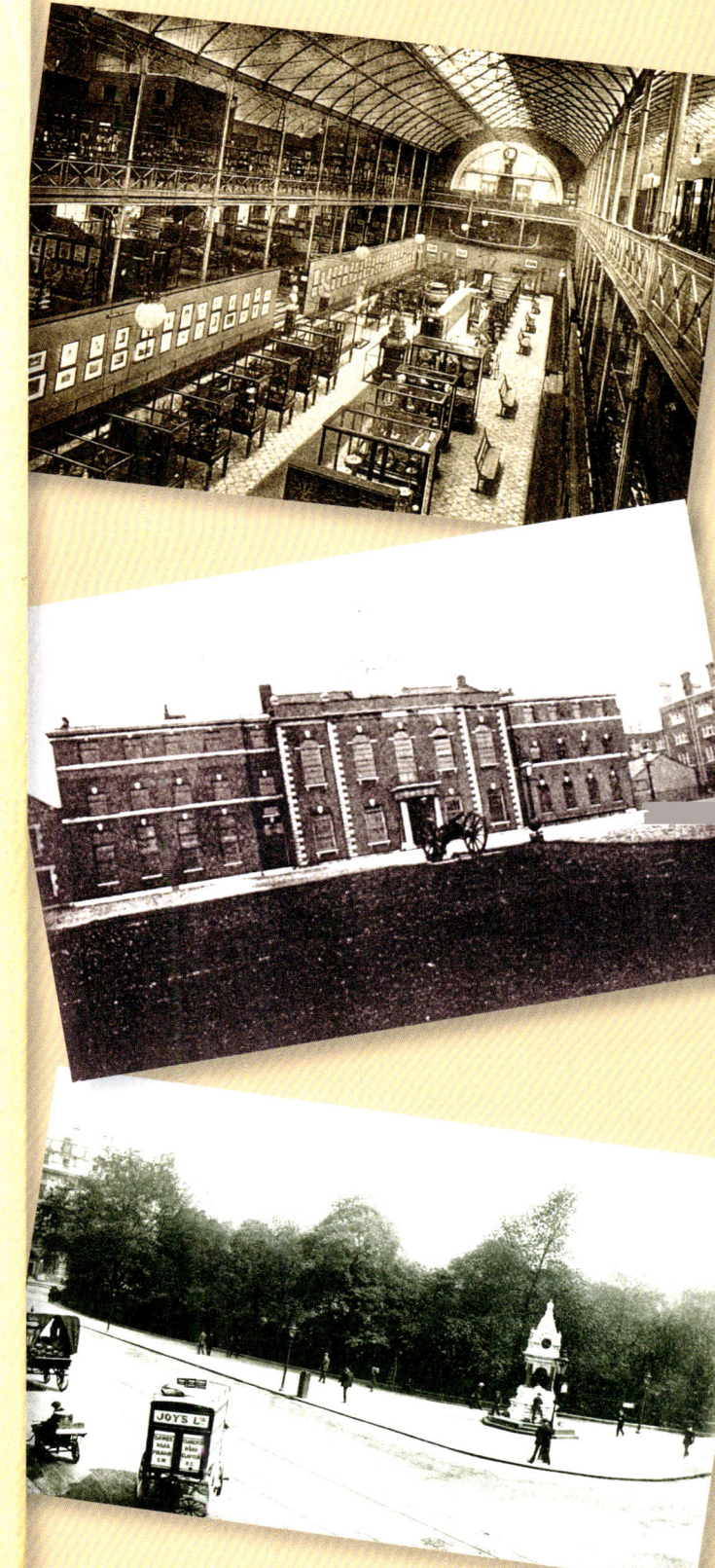

GREAT WESTERN RAILWAY
Ticket for a Bicycle, Perambulator, or Chair
Mail Cars with Passenger at Owner's Risk.
PADDINGTON (1 B.) TO
any G. W. Station not exceeding 75 miles
CARRIAGE PAID 1/6
This Ticket must be given up on arrival
See other side

1 AUG 19..

146

Adjoining Plate 23

HYDE PARK

SERPENTINE RIVER

ROTTEN ROW

KNIGHTSBRIDGE

BROMPTON

LONDON. THE BRITISH MUSEUM

D.42491. LONDON. LAW COURTS.

Adjoining Plate 22

GREEN PARK

ST. JAMES'S PARK

PALACE GARDENS

154

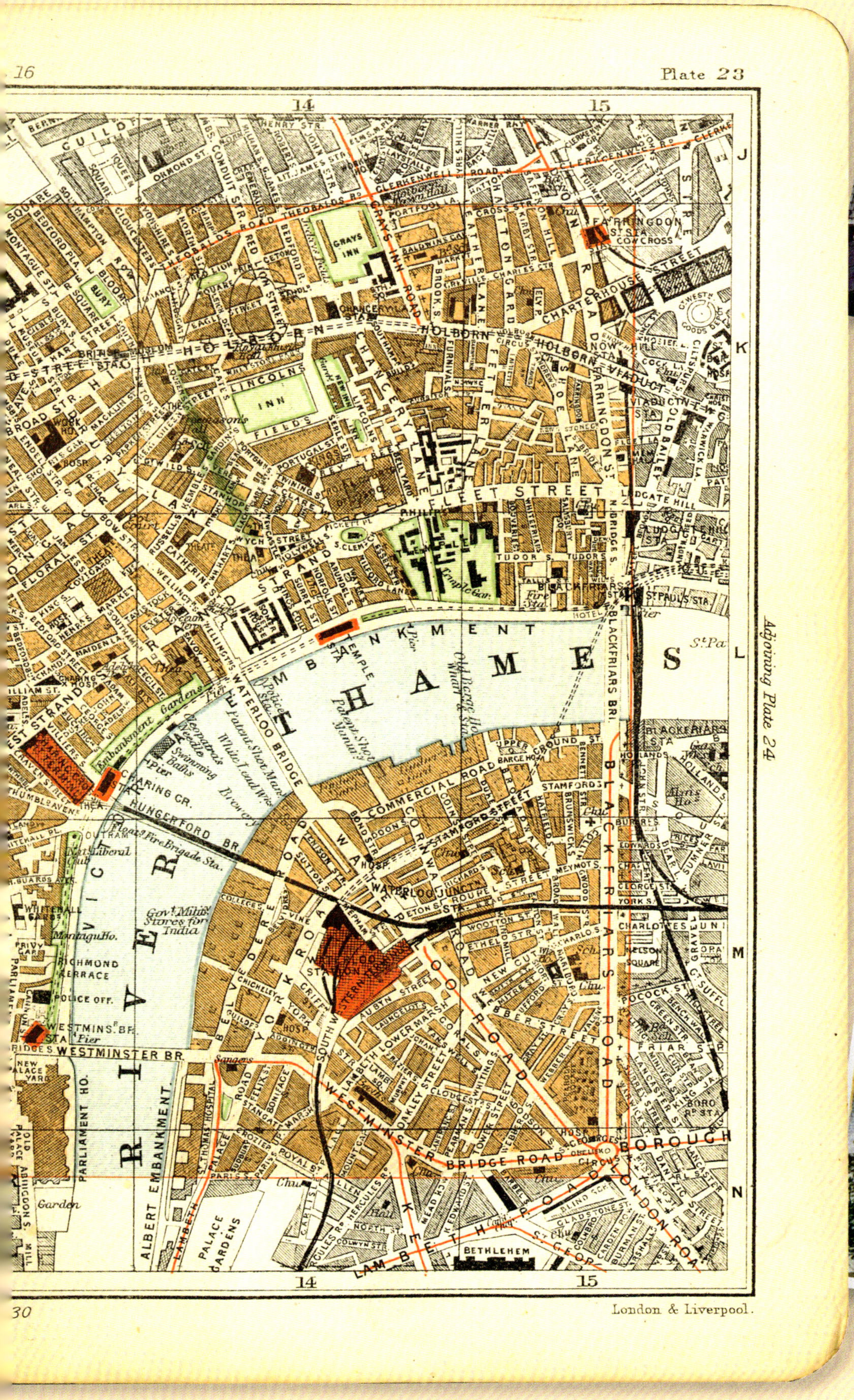

16
Plate 23
Adjoining Plate 24
RIVER THAMES
EMBANKMENT
WATERLOO BRIDGE
BLACKFRIARS BR.
WESTMINSTER BR.
HOLBORN
FLEET STREET
STRAND
LINCOLNS INN FIELDS
WESTMINSTER BRIDGE ROAD
BOROUGH
ALBERT EMBANKMENT
PARLIAMENT HO.
BETHLEHEM
30
London & Liverpool.

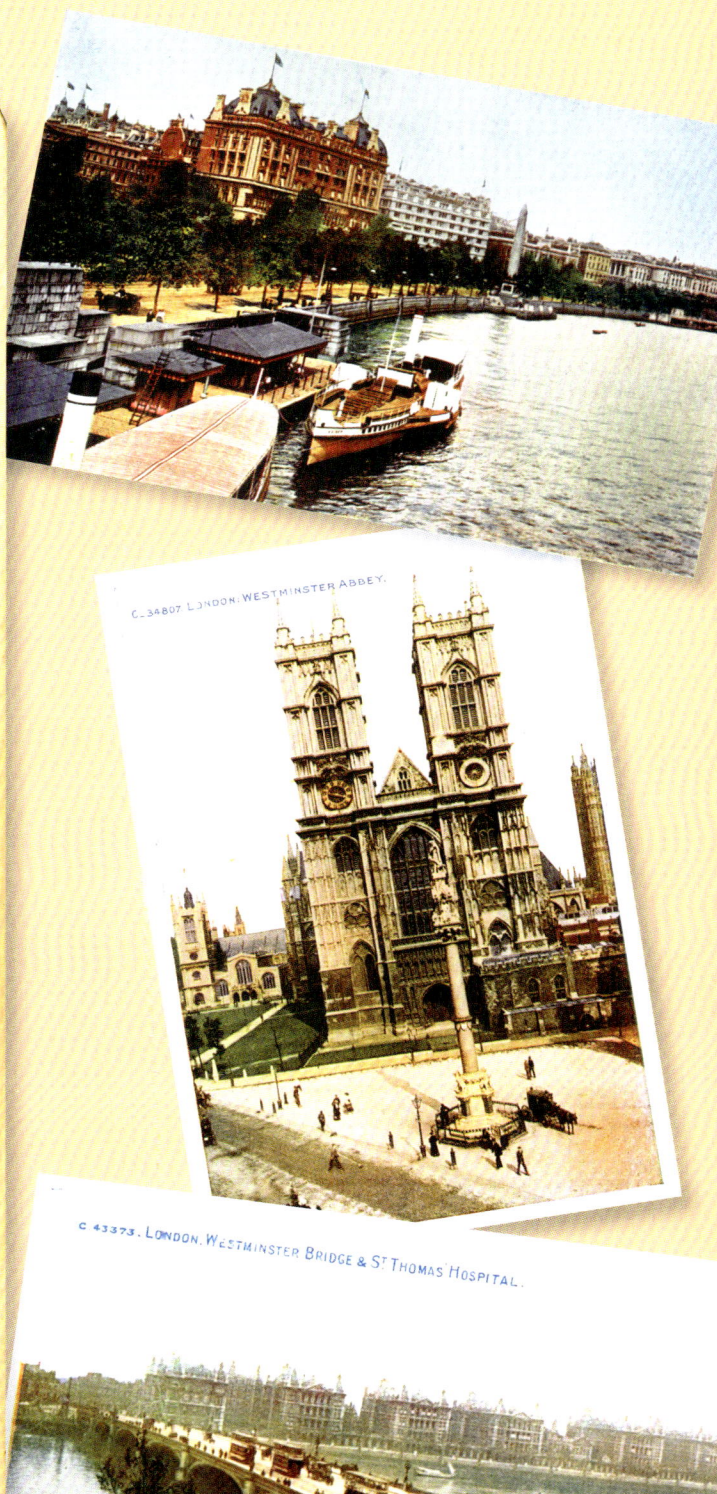

C. 34807. LONDON. WESTMINSTER ABBEY.

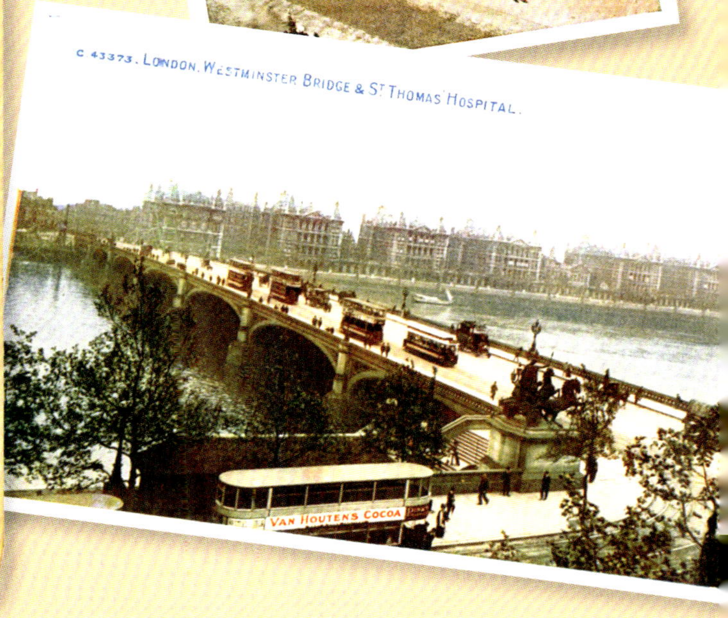

C 43373. LONDON. WESTMINSTER BRIDGE & ST THOMAS HOSPITAL.
VAN HOUTEN'S COCOA

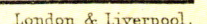

C 40518. LONDON, ST PAULS CATHEDRAL.

C. 35743. LONDON BRIDGE.

Adjoining Plate 23

RIVER

St. Pauls Pier

George Philip & Son.

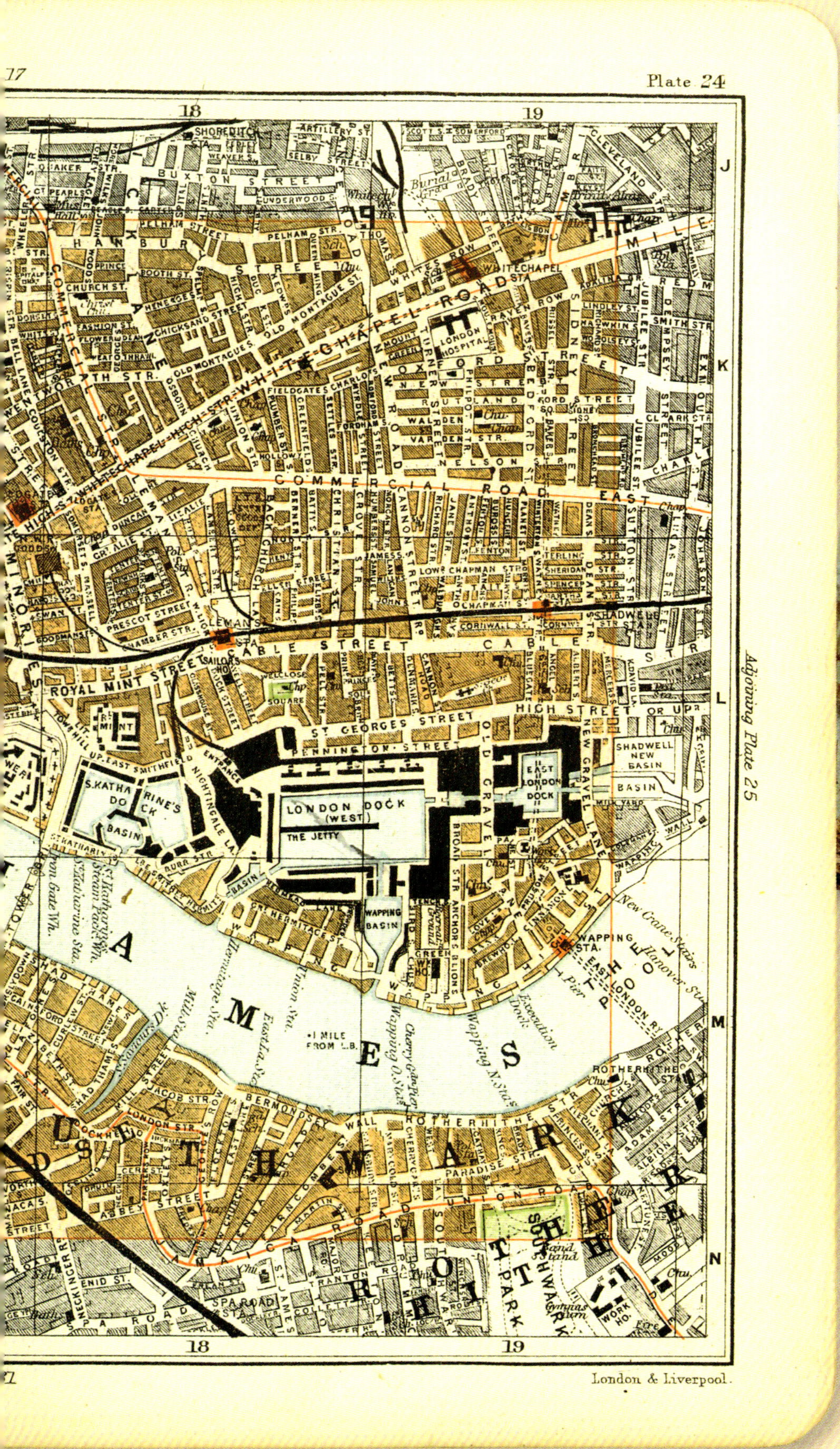

Plate 24

*Adjoining Plate 25*

THAMES

SOUTHWARK

ROTHERHITHE

London & Liverpool.

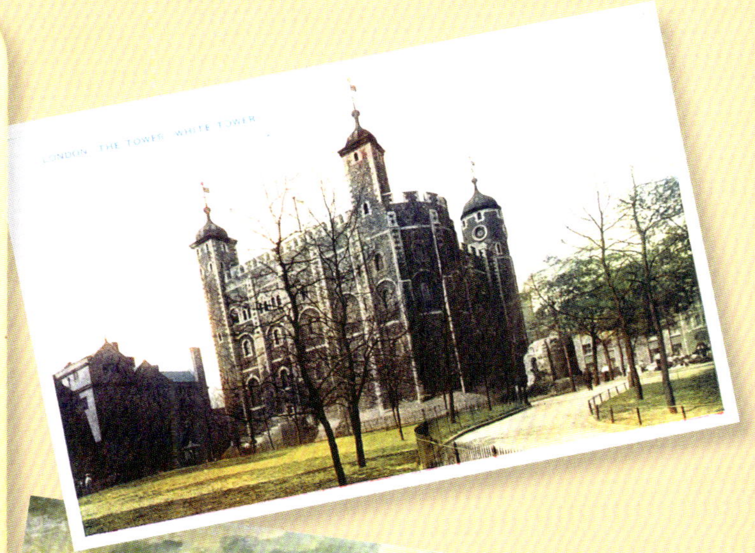

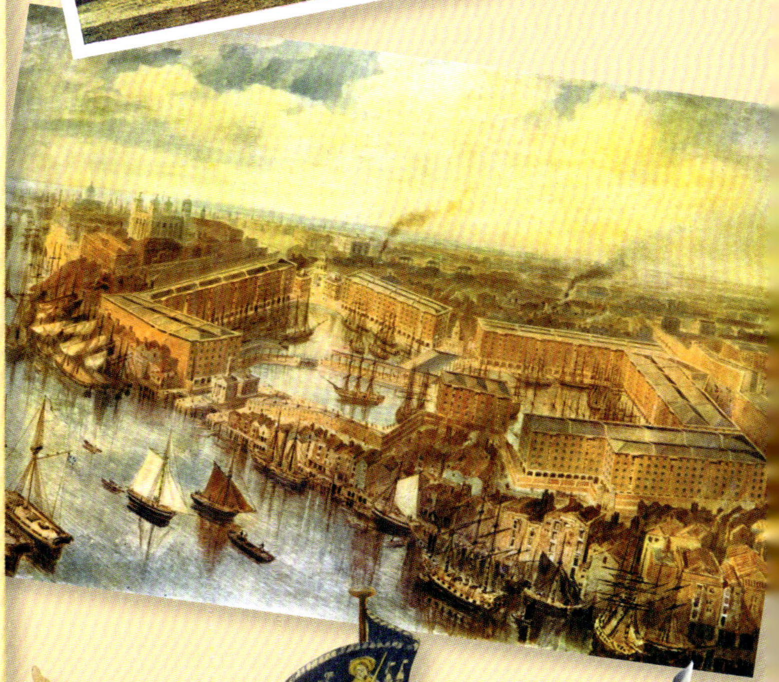

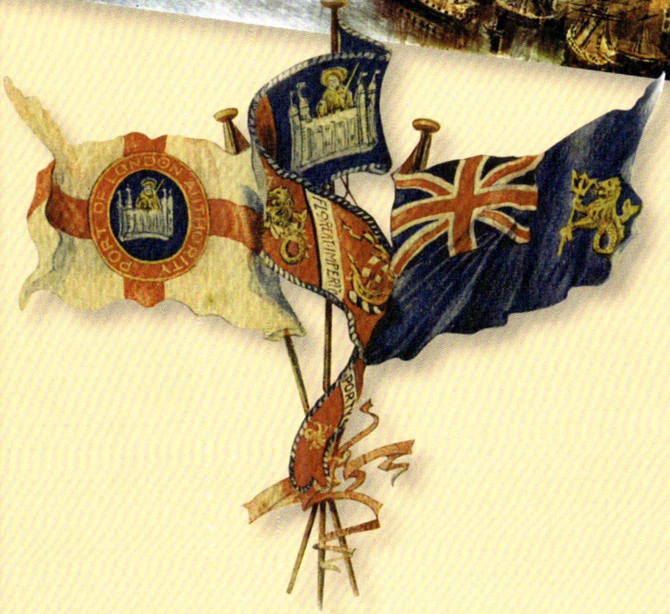

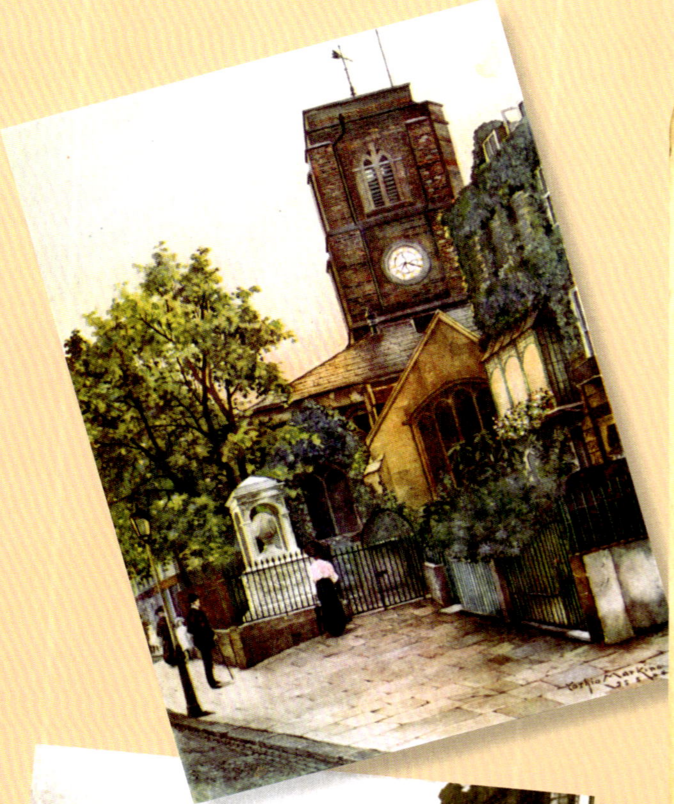

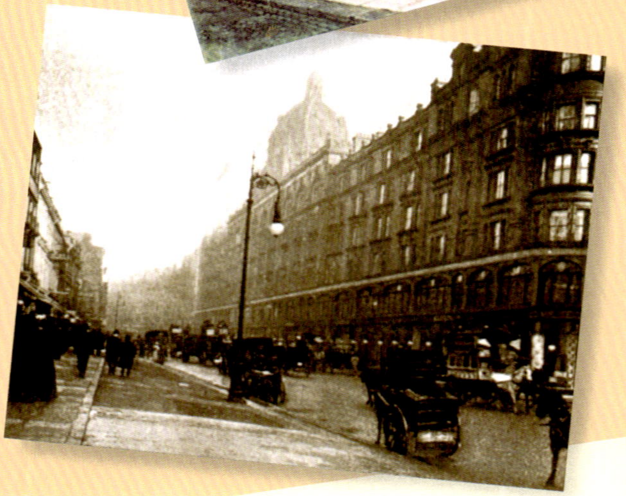

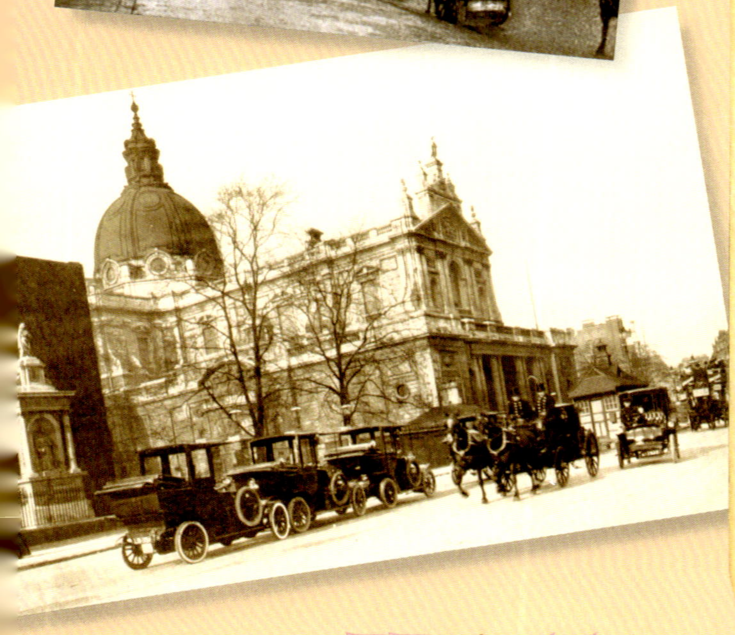

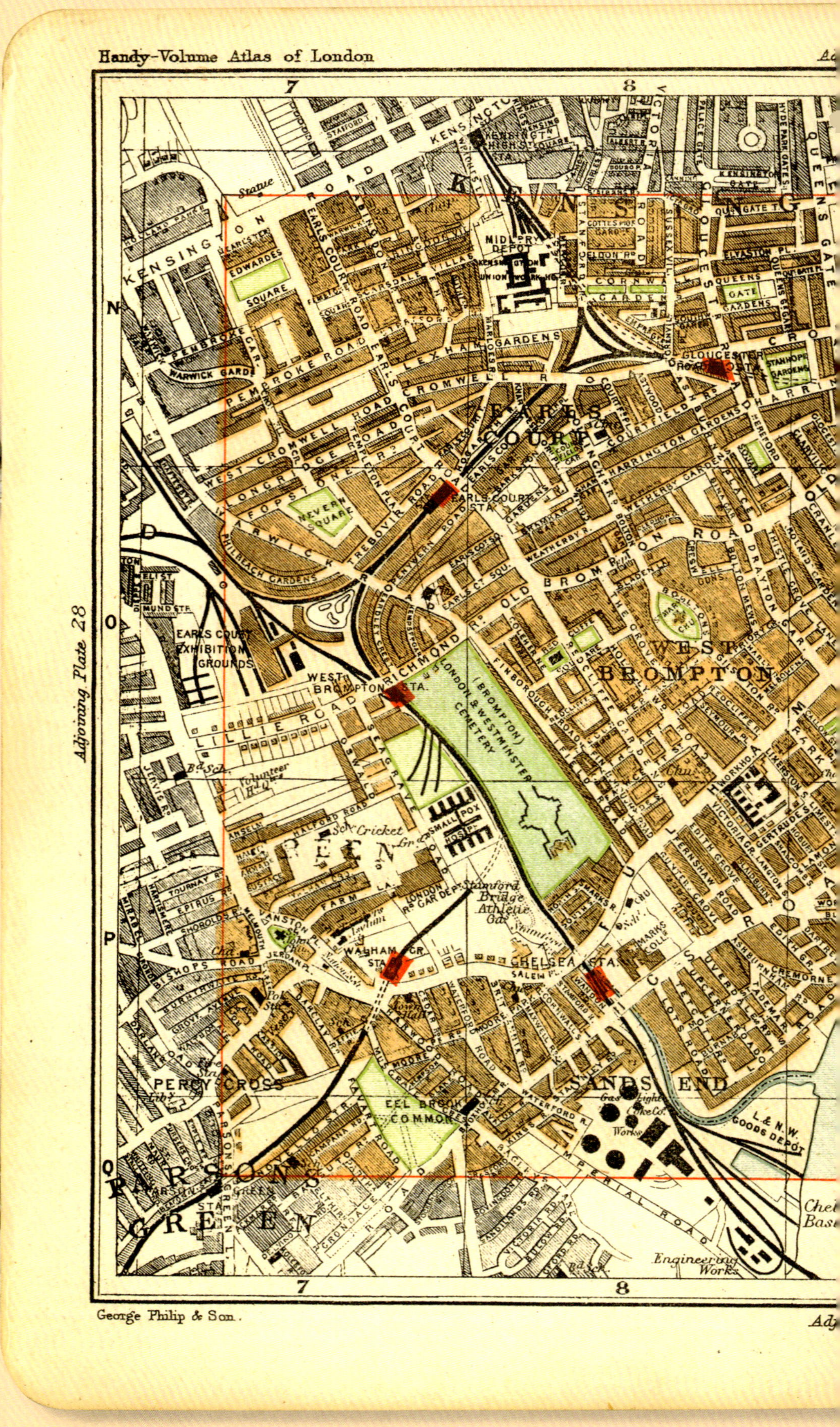
Handy-Volume Atlas of London
7
8
KENSINGTON
KENSINGTON HIGH ST SQUARE
EDWARDES SQUARE
PEMBROKE ROAD
CROMWELL ROAD
EARLS COURT
WEST CROMWELL ROAD
NEVERN SQUARE
WARWICK GARDENS
EARLS COURT EXHIBITION GROUNDS
WEST BROMPTON STA.
LILLIE ROAD
RICHMOND ROAD
LONDON & WESTMINSTER (BROMPTON) CEMETERY
WEST BROMPTON
BROMPTON ROAD
FULHAM ROAD
Stamford Bridge Athletic Gds
CHELSEA STA.
WALHAM GR STA.
EEL BROOK COMMON
SANDS END
PERCY CROSS
PARSONS GREEN
L & N W GOODS DEPOT
Engineering Works
Adjoining Plate 28
N
O
P
Q
George Philip & Son.

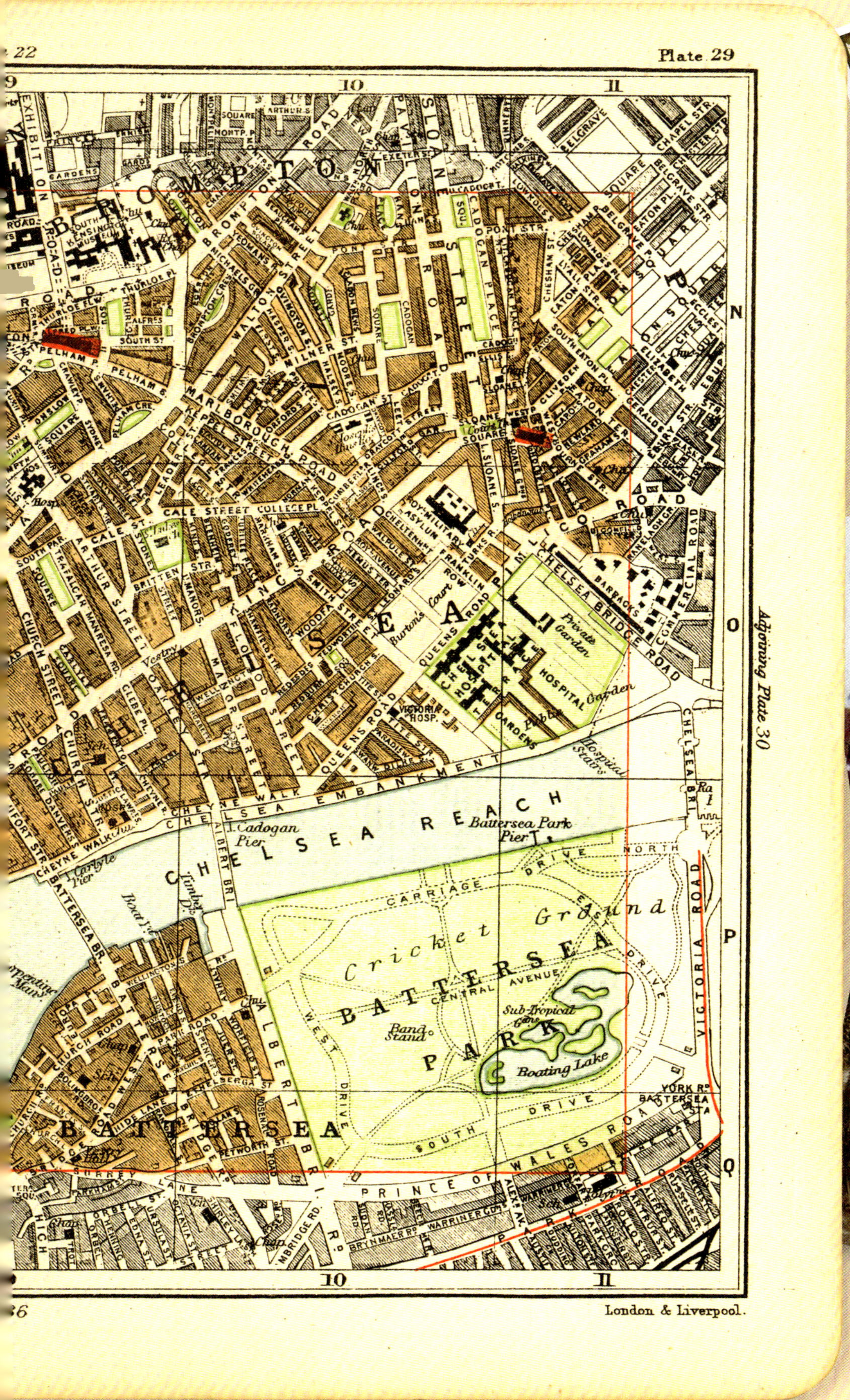

Plate 22

Plate 29

BROMPTON

CHELSEA

CHELSEA REACH

BATTERSEA

Cricket Ground

BATTERSEA PARK

Boating Lake

Adjoining Plate 30

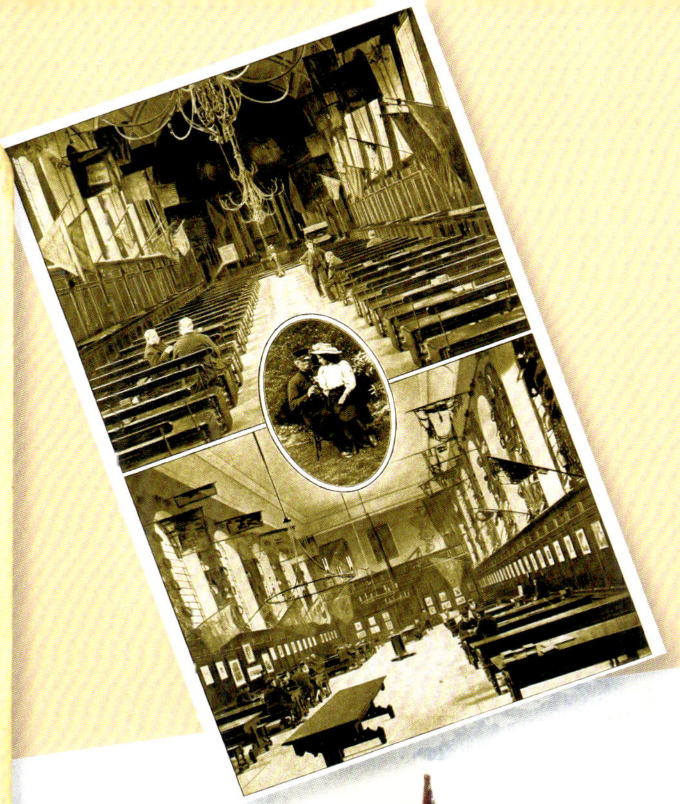

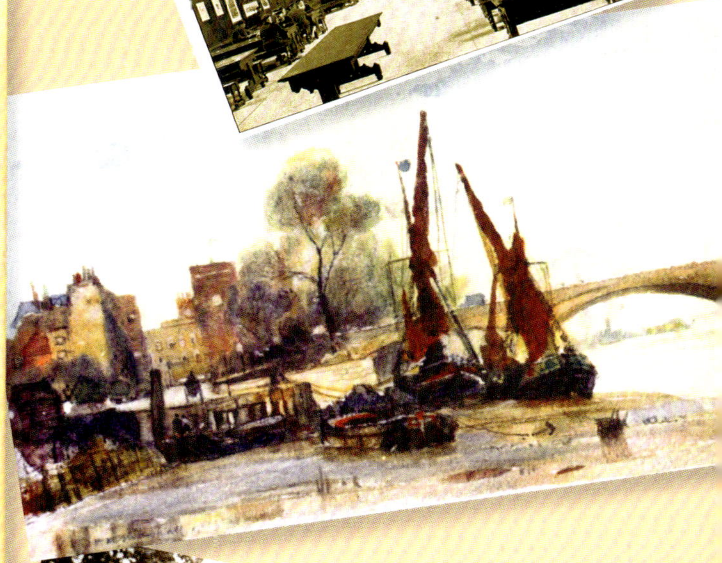

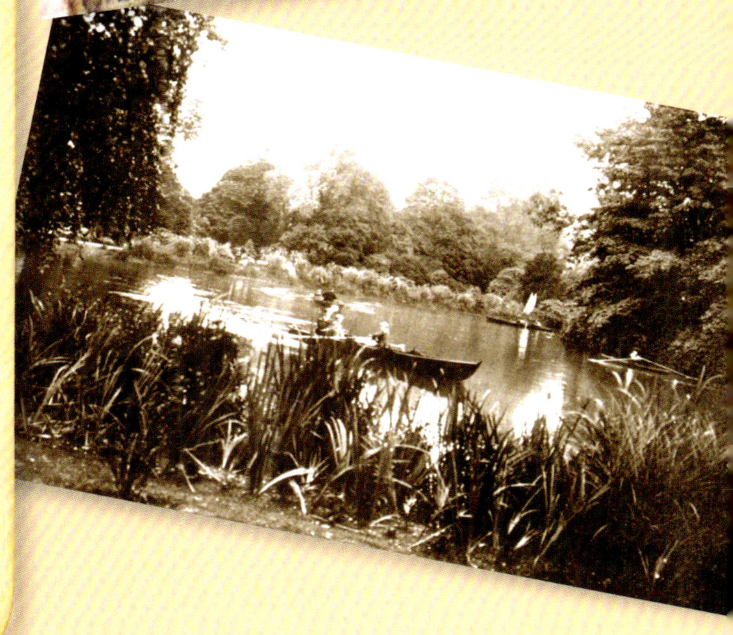

LONDON: WESTMINSTER CATHEDRAL.

LONDON: THE TATE GALLERY.

George Philip & Son.

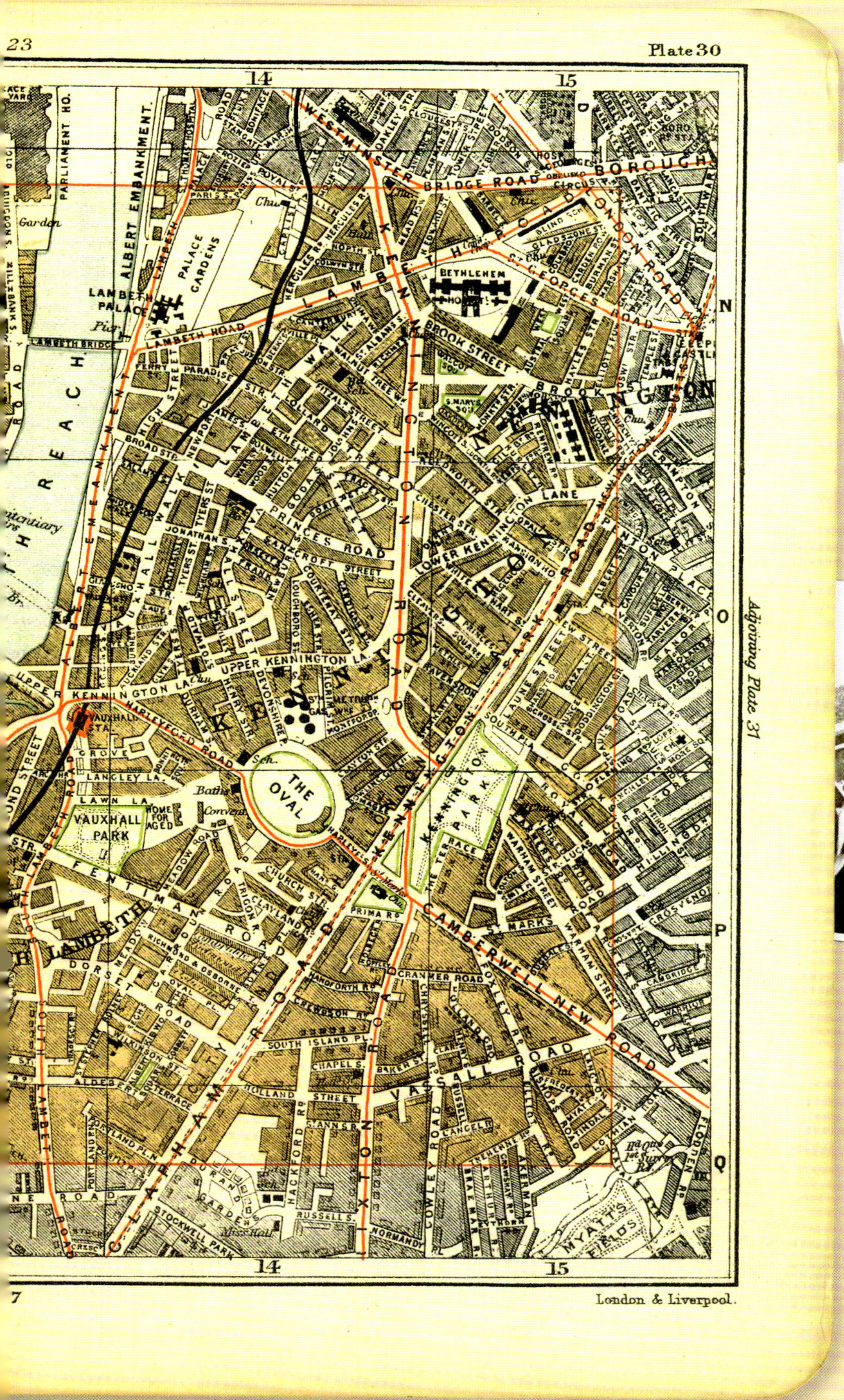
23
Plate 30
14
15
WESTMINSTER BRIDGE ROAD
BOROUGH
LONDON ROAD
ALBERT EMBANKMENT
PARLIAMENT HO.
LAMBETH PALACE
PALACE GARDENS
LAMBETH ROAD
BETHLEHEM HOSPL.
BROOK STREET
KENNINGTON
PRINCES ROAD
KENNINGTON LANE
LOWER KENNINGTON LANE
UPPER KENNINGTON LANE
KENNINGTON ROAD
HARLEYFORD ROAD
VAUXHALL STA.
VAUXHALL PARK
THE OVAL
KENNINGTON PARK
FENTIMAN ROAD
CAMBERWELL NEW ROAD
VASSALL ROAD
CLAPHAM ROAD
BRIXTON ROAD
STOCKWELL PARK
MYATT'S FIELDS
N
O
P
Q
Adjoining Plate 31
14
15
7
London & Liverpool.

11216. - LONDON. LAMBETH PALACE.

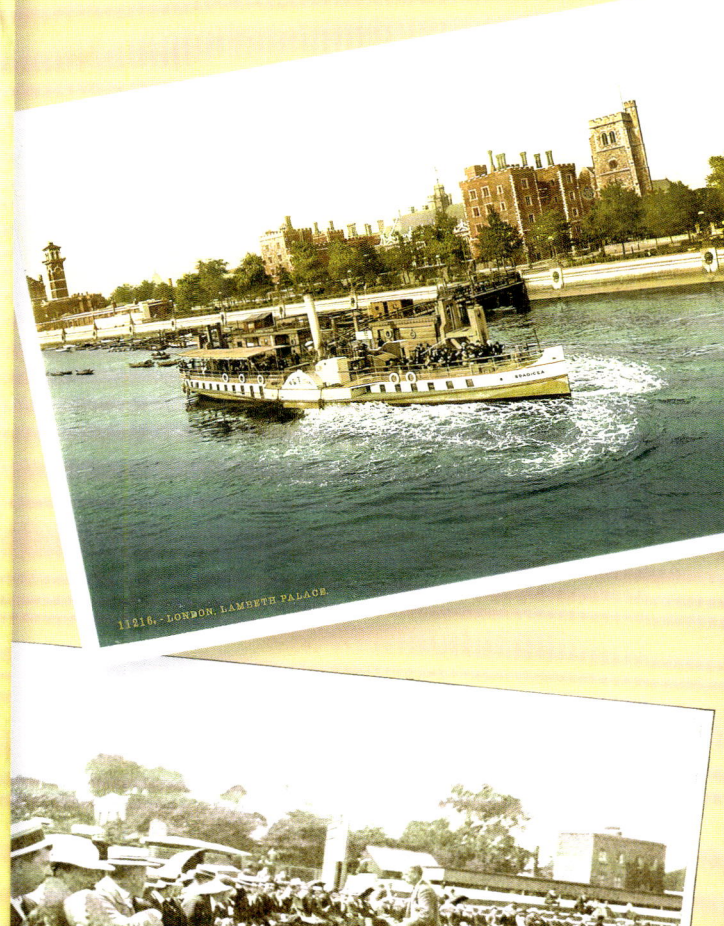

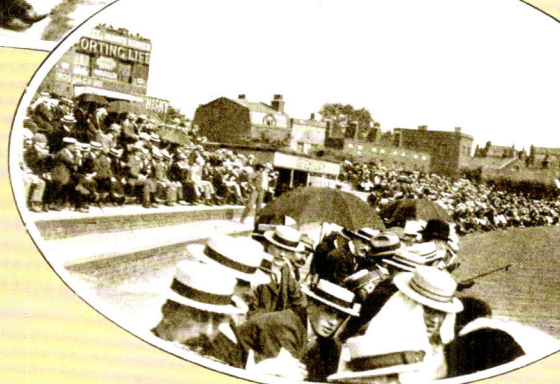

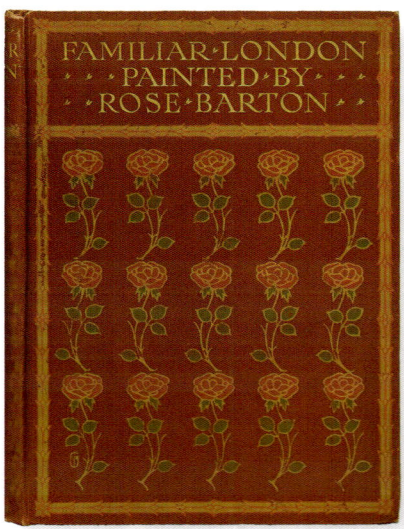

# Über das ursprüngliche Buch

Im Jahr 1905, als *Familiar London* erschien, hatte A&C Black etwa dreißig Bücher der 20-Schilling-Serie mit Farbtafeln veröffentlicht. Die meisten stellten Länder dar, die für Leser Anfang des 20. Jahrhunderts unbekannt und exotisch waren: Birma, Indien, Kaschmir, Ägypten, Japan und Marokko oder Städte wie Florenz, Neapel und Rom. Einige Bücher stammten von dem „Gründer" der Serie, dem Künstler Mortimer Menpes: *War Impressions, World Pictures, World's Children*. Einige beschrieben Orte in Großbritannien: *Bonnie Scotland, Beautiful Wales, The Channel Islands*; andere behandelten das Werk bekannter Aquarellmaler wie Helen Allingham, Kate Greenaway und George Cruikshank.

Die Reihe war bereits ein Erfolg und trug sehr dazu bei, den Verleger zu sanieren, der Ende des 19. Jahrhunderts eine schwere Zeit durchgemacht hatte. Jeweils 60 bis 90 Illustrationen wurden in drei (manchmal vier) Farben gedruckt, und der Umschlag war kühn dekoriert. Trotz des hohen Preises (1 Pfund pro Exemplar) füllten die Bücher eine Marktlücke. Die Erstauflage betrug meist 3000 Stück, aber viele wurden mehrfach nachgedruckt.

Es gibt keine Aufzeichnungen, die uns sagen könnten, warum A&C Black Ende 1903 beschloss, die Reihe um vier Bücher über London zu ergänzen. Ein Brief vom Oktober 1903 bot der irischen Künstlerin Rose Barton, die in London lebte, 200 Pfund für das Recht an, 75 Illustrationen zu reproduzieren (anscheinend malte sie nur 61, aber es gibt keinen Hinweis darauf, dass ihr Honorar deswegen gekürzt wurde). Weitere 50 Pfund sollten für einen Text im Umfang von 50 000 bis 60 000 Worten hinzukommen, den sie aber nicht unbedingt schreiben musste. Nach den Aufzeichnungen des Verlages erhielt sie allerdings insgesamt 300 Pfund.

Der Text, den sie selbst verfasste, war etwas problematisch. „Madam", schrieb Adam Black im April 1904, „wir finden das Manuskript jetzt besser und sind sicher, dass der Rest das gleiche Niveau haben wird. Wir schlagen vor, den fertigen Text einem erfahrenen Lektor anzuvertrauen." Der veröffentlichte Text hat knapp 40 000 Wörter, viel weniger als verlangt. Vielleicht hat der Lektor ihn stark gekürzt.

Auch der Titel war umstritten: „Glauben Sie nicht, dass der Titel ansprechender sein sollte? Wie wäre es mit ‚Aspects of London'? Wir brauchen einen Titel von der gleichen Art wie ‚Happy England' und ‚Bonnie Scotland' … Was halten Sie von ‚Vistas of London'?"

Das Buch erschien im November 1904 unter dem Titel *Familiar London* mit einer Auflage von 3000 Exemplaren. Hinzu kam eine limitierte Auflage von 300 Stück im Großformat, signiert von Rose Barton. Das Umschlagbild stammte – wie bei den meisten Büchern der Reihe – von A.A. Turbayne. Sein Markenzeichen, ein Skarabäus, ist links unten auf dem Umschlag zu sehen.

Die Bilder und der Text wurden von den Kritikern wohlwollend aufgenommen. Der Text ermögliche „wertvolle Einblicke in das Leben einer Malerin, die in London arbeitet, und in ihre Lieblingsmotive", und die Gemälde verrieten „eine aufrichtige Wertschätzung der vielfältigen und schönen Seiten unserer Metropole".

# Neue Welt der farbigen Bilder

Gegen Ende der Ära Victorias und Edwards waren Farben beliebt, und dank großer Fortschritte in der Druck- und Tintentechnik bekamen die Menschen Farben zu sehen. Die monotonen Bücher ihrer Eltern mit ihren Holzschnitten und Stahlstichen waren Vergangenheit. Viele Erfindungen wurden in Deutschland gemacht, wo um die Jahrhundertwende der Handel mit Farbpostkarten, Grußkarten und Büchern mit Dutzenden von Farbillustrationen blühte.

Die Briten nahmen die Herausforderung schnell an, und die Pressen – vor allem in London und Edinburgh – begannen die neuste Technik zu nutzen und Farbtafeln für eine Reihe von Nachschlagewerken zu drucken.

Bis Anfang der 1890er Jahre musste jeder, der ein Farbbild drucken wollte, das Bild so gestalten, dass die einzelnen Farben – jede wurde einzeln gedruckt – leicht voneinander zu trennen waren. Man entwickelte viele

Das Vorwort zur 9. Auflage (1904) von *Alpine Flora* (links), verfasst von L. Schröter und Prof. Dr. C. Schröter, lobt: „Besondere Sorgfalt wurde erneut den Illustrationen zuteil, die nun viel besser sind."

Verfahren, um subtile Farben darzustellen, zum Beispiel detaillierte Gravuren in jeder Farbplatte, mehrere Platten für verschiedene Farbtöne und die abschließende Bearbeitung des Bildes nach dem Druck mit der Hand. Dennoch waren die meisten Farbdrucke um 1900 eher plump. Vor allem mit der Lupe war klar erkennbar, dass realistische Farben noch auf sich warten ließen.

Das Foto von Hackfell Glen in Yorkshire (ganz links) wurde 1909 in zwei Druckstufen reproduziert. Das Verfahren hieß „Regenbogerdruck".

Ein köstliches Mittagessen (oben), ein Bild von John Swain and Son aus dem *Penrose Pictorial Annual* von 1906–07. Das Stillleben (rechts) stammt aus derselben Quelle. Die Hentschel-Werbung (ganz rechts) wurde im *Penrose Pictorial Annual* von 1904–05 abgedruckt.

Das Chromographoskop, erfunden von du Hauron 1874, war ein Gerät mit zwei Funktionen: Man konnte damit fotografi eren und Bilder betrachten.

Der beste Farbdruck im Jahr 1900 war dagegen faszinierend. Zwischen 1900 und 1914, bevor der Krieg die Tinten- und Maschinenlieferungen aus Deutschland lahm legte, befand sich der Farbdruck auf einem Höhepunkt, der erst in den 1960er Jahren wieder erreicht wurde.

Wie schaffte man diese Qualität? Wir dürfen nicht vergessen, dass die Farbfotografie im Freien – das Fotografieren von Menschen und Orten mit Farbfilmen – erst in den 1930er Jahren erfunden wurde. Seit etwa 1890 gab es jedoch einige fortgeschrittene Methoden, leblose Objekte im Studio farbig zu fotografieren. Zudem waren die Fotografen zur Zeit Edwards erstaunlich erfinderisch.

Einer der größten Pioniere war Carl Hentschel, ein deutscher Emigrant, der sich in den 1890er Jahren das sogenannte Hentschel-Verfahren patentieren ließ und eine Firma in der Londoner Fleet Street gründete. Er entwickelte eine massive Kamera mit drei Farbfiltern – rot, grün und blau –, die gleichzeitig Bilder von flachen,

farbigen Gegendständen machten. Erfindungen wie der Rastersiebdruck, mit dem man Farbtöne als kaum wahrnehmbares regelmäßiges Muster aus unterschiedlich großen Punkten auf das Papier drucken konnte, machten es zur selben Zeit möglich, fotografierte Bilder auf Papier zu übertragen, sowohl in Schwarzweiß als auch in drei Farben.

Jetzt konnte man flache Objekte wie Bilder oder kleine Gruppen von Objekten in einem Studio in Farbe fotografieren. Und man konnte mit diesen Bildern, wenn man ihre drei Farbkomponenten trennte, Farbbilder drucken. Es war jedoch unmöglich, Farbfotos von der großen weiten Welt zu machen, von Städten, Bergen und Menschenmengen. Doch die Leute, die sich teuren Luxus leisten konnten, hatten Geschmack an Farbpostkarten und Farbbildern in Büchern gefunden und wollten nun so viel Farbe wie möglich haben.

Die Bilder in diesem Buch zeigen, wie sehr die Erfinder, Fotografen und Verleger der Ära Edwards VII. sich bemühten, ihren Kunden zu geben, wonach sie sich sehnten: die reale Welt im Farbdruck.

## DAS HENTSCHEL-DREIFARBENVERFAHREN

Carl Hentschels Familie, die in der russisch-polnischen Stadt Lodz wohnte, zog 1868 nach London. Damals war er vier Jahre alt. Wie sein Vater wurde er Graveur, und im Jahr 1900 war er sowohl für den Farbdruck als auch im gesellschaftlichen Leben eine wichtige Persönlichkeit. Er warb intensiv für sein neues Druckverfahren, war Gründungsmitglied mehrerer Clubs, darunter der Playgoer's Club, und war als großer Freund von Jerome K. Jerome das Vorbild für Harris in Jeromes Roman und Film *Drei Mann in einem Boot*.

Carl Hentschel (oben links) und die ursprünglichen *Drei Mann in einem Boot* (unten): Hentschel, George Wingrave und Jerome selbst. Das Porträt einer Dame (unten links) wurde im Dreifarbenverfahren gedruckt und erschien 1910 in *Colour Printing and Colour Printers* von R. Burch. Das Foto des Hauses (unten) ist ein Beispiel für den Dreifarben-Rastersiebdruck; es wurde im selben Buch abgedruckt.

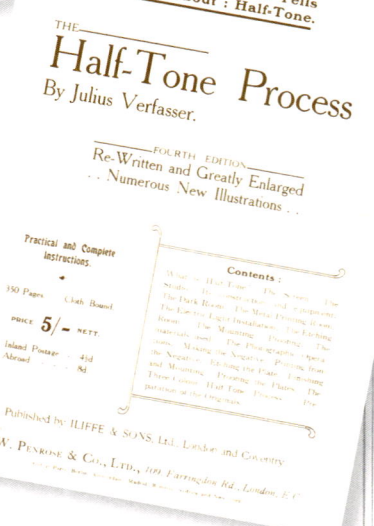

Obwohl Hentschel nicht der Erfinder des Dreifarben-Rastersiebdrucks war – er wurde von den Franzosen Louis du Hauron und Charles Cros und dem Amerikaner Frederick Ives in den 1870er-Jahren entwickelt –, nutzte seine Firma das Verfahren als Erste kommerziell.

Dieses Verfahren wird in Burchs Buch Colour Printing and Colour Printers (1906) gut beschrieben: „Sobald man das Prinzip akzeptiert hat, dass jede Farbkombination sich in ihre primären Elemente auflösen lässt, braucht der Fotograf nur noch drei Negative, die das Original automatisch zergliedern; dann fertigt er drei separate Fotos vom Rot, Gelb und Blau an und fügt sie zusammen. Das geschieht, indem man durchsichtige Raster aus gefärbten Pigmenten oder einer gefärbten Flüssigkeit, die der Fachmann ,Lichtfilter' nennt, vor der Linse anbringt. Diese Filter lassen zwei Primärfarben durch und absorbieren die andere. Man benutzt drei separate Raster, wobei die Linien bei jedem einen anderen Winkel bilden, und wenn man die Negativaufnahmen der Farbanalyse erhält, werden die drei Fotos in Druckflächen umgewandelt."

Auf Hentschels wachsender Kundenliste stand auch Adam Black, der ursprüngliche „A" von A&C Black, der früh erkannte, dass der Rastersiebdruck seinem Verlag einen Vorsprung bei der Produktion von farbigen Büchern verschaffen würde. Damals hielten es wohl viele für Magie, dass Farbdruckplatten derart präzise und schnell produziert werden konnten – vom Foto bis zur fertigen Druckplatte brauchte man nur vier Stunden.

Die Penrose Pictorial Annuals hatten einen umfangreichen Anzeigenteil am Ende. Die Anzeige für die Dreifarbenfotografie erschien in der Ausgabe 1906–7, die für den Rastersiebdruck in der Ausgabe 1907–08. Das Gemälde rechts mit dem Titel The Stream von J.C. Hook wurde 1910 in Burchs Colour Printing and Colour Printers als Beispiel für das neue rasterlose Dreifarbenverfahren reproduziert.

Im Jahr 1904 bot Raphael Tuck mehr als 10 000 Post-kartendesigns an und hatte seine Marke „Oilette" herausgebracht, die originale und oft sehr schöne Bilder zeigte. Nach und nach erschienen mehr als 3000 Se-rien von Oilette-Postkarten, darunter viele Karten mit Illustrationen aus den Büchern von A&C Black. A&C Black veröffentlichten ähnlich viele Karten unter ihrem eigenen Namen.

## FARBPOSTKARTEN

Im ersten Jahrzehnt des 20. Jahrhunderts erreichte die Postkartenbegeisterung ihren Höhepunkt. Da eine mit den neuen Drucktechniken hergestellte Farbpostkarte nur einen halben Penny kostete, dekorierten die Men-schen zur Zeit Edwards VII. ihre Wohnzimmer mit Bildern aus der ganzen Welt. Vor 1899 durfte die Rück-seite einer Postkarte nur die Anschrift enthalten. Nun gab die britische Post dem öffentlichen Druck nach und erlaubte den Verlagen den Abdruck von Bildern.

Die Kartenverleger steigerten rasch ihre Produktion, um die Nachfrage zu befriedi-gen. Diese Karten waren die einzigen Pro-dukte, die den Farbdruck bis an die Grenze des technisch Möglichen verfeinerten. Viele Farbpostkarten, selbst mit Bildern abgele-

gener britischer Orte, wurden in Deutschland oder von britischen Firmen deutschen Ursprungs gedruckt. Nie-mand war erfinderischer, produktiver und prägender als die Londoner Firma von Raphael Tuck and Sons. Raphael Tuch (so hieß er ursprünglich) zog 1865 mit seiner Frau und elf Kindern von Breslau in Preußen nach London. Er eröffnete einen kleinen Laden in der Whitechapel und zog 1870 in die City Road, wo er und seine Söhne Adolph, Herman und Gustave eine Serie von Fotos und viktorianischen Sammelbil-dern zusammenstellten, von denen viele aus Deutschland importiert wurden. 1871 kam die erste Weihnachtskarte, 1876 der farbige Öldruck. Das Jahr des Durchbruchs für die Postkarte war 1894, als Tuck eine Karte mit einer Vignette vom Snowdon in Nordwales produzierte.

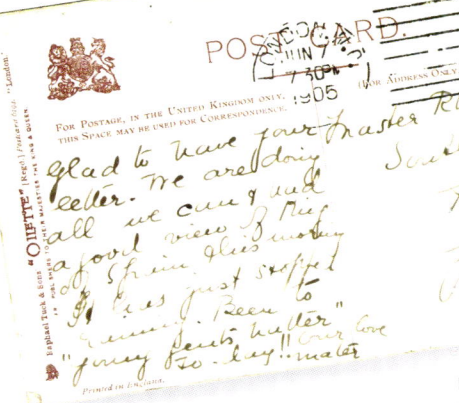

Das Kolophon der Kunstpostkartenreihe von Raphael Tuck (Mitte). Die Postkarte links schickte eine Mutter am 7. Juni 1905 ihrem Sohn, der die Schule in Filey, Yorkshire besuchte.

In den ersten Jahrzehnten der Postkarte gab es drei Möglichkeiten, ein Farbbild zu produzieren. Man begann entweder mit einem echten Schwarzweißfoto und fügte subtile Farbschichten hinzu, um Wasser oder einen Sonnenuntergang anzudeuten; oder traditionelle Farbgraveure schufen von vornherein separate Farbbilder; oder man nutzte die neue Dreifarbentechnik, um das gemalte Original zu fotografieren. Diese dritte Methode ermöglichte es Firmen wie Raphael Tuck and Sons, so schnell zu wachsen. Die Verleger stellten rasch zahlreiche hervorragende Künstler ein, um Bilderserien für die Reproduktion auf Postkarten zu malen.

## PHOTOCHROMIE

Die Photochromie war wohl die erfolgreichste Methode, fotografische Bilder vor der Einführung der Farbfotografie zu kolorieren. Die hervorragend gefärbten Drucke, welche die schweizerische Firma Orell Füssli & Co. auf der Pariser Weltausstellung 1889 zeigte, erhielten eine Goldmedaille und begeisterten die Besucher mit ihrem lebensechten Realismus. Nur drei Firmen – Füsslis Photoglob in der Schweiz, Photochrome in Großbritannien und die Detroit Printing Company in den USA – erhielten die Lizenz, die „geheime" Technik anzuwenden. Im Jahr 1910 gab es schon mehr als 13 000 Farbbilder von jedem Winkel Europas und von den Wahrzeichen Nordamerikas, Indiens und Nordafrikas.

Für diese Bilder brauchte man viel Arbeit, ein künstlerisches Auge und im Idealfall genaue Informationen darüber, wie viele Farben die abgebildete Szene enthielt. Ein Filmnegativ bildete die Grundlage für lithografische Druckplatten, flache Steinplatten – für jede Farbe eine –, die man in Bayern abbaute und mit

Der Piccadilly Circus im Londoner West End (unten) ist auf diesem Photochrombild ein recht beschaulicher und formeller Platz. Dagegen wimmelt es in der Petticoat Lane im East End (ganz rechts) an einem Sonntagmorgen von Menschen.

Asphalt überzog. Das Negativ musste man für jede Farbe von Hand retuschieren, und manchmal wurden 14 verschiedene Farben benutzt. Dann legte man den Stein mehrere Stunden in die Sonne, bevor er mit Terpentin entwickelt wurde. Jeder Stein wurde manuell mit feinem Bimssteinpulver fertig bearbeitet; ausgewählte Teile wurden zusätzlich entwickelt. Danach legte man ihn in Säure, um das druckfertige Bild freizulegen. Spezielle halbtransparente Farben übertrugen das Bild vom Stein auf glattes Papier, und zum Schluss wurde das gedruckte Bild mit Firnis behandelt, um die Tiefe und die Kontraste zu betonen.

Die British Photochrome Company mit Büros in London und Tunbridge Wells veröffentlichte rund 150 Photochrombilder von London, die man einrahmen oder als Postkarte verwenden konnte. Diese und über 5000 andere Photochrome sind online zu sehen: http://www.ushistoricalarchive.com/photochroms/index.html

Westminster Abbey

THE National Valhalla of England, as it has been aptly designated, with its series of monuments to celebrated men and its royal burial vaults. Interment within its walls is considered the greatest and last honour the nation can bestow. 'The spaciousness and gloom of this vast edifice produce a profound and mysterious awe. We step cautiously and softly about as if fearful of disturbing the hallowed silence of the tomb; while every footfall whispers along the walls, and chatters among the sepulchres, making us more sensible of the quiet we have interrupted. It seems as if the awful nature of the place presses down upon the soul, and hushes the beholder into noiseless reverence. We feel that we are surrounded by the congregated bones of the great men of past times, who have filled history with their deeds, and the earth with their renown.'—*Washington Irving.*

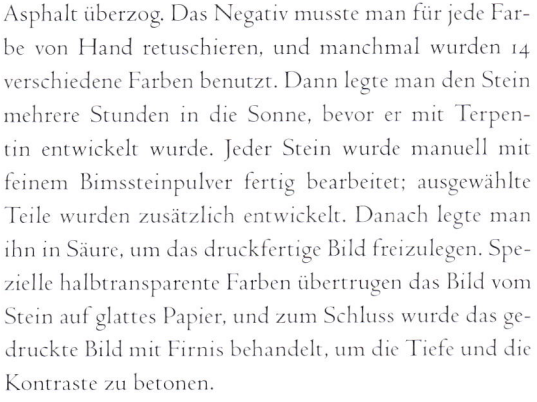

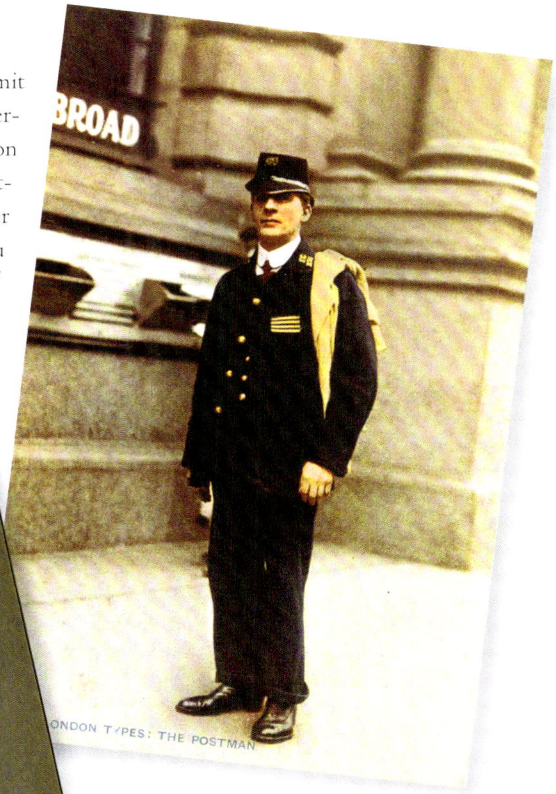

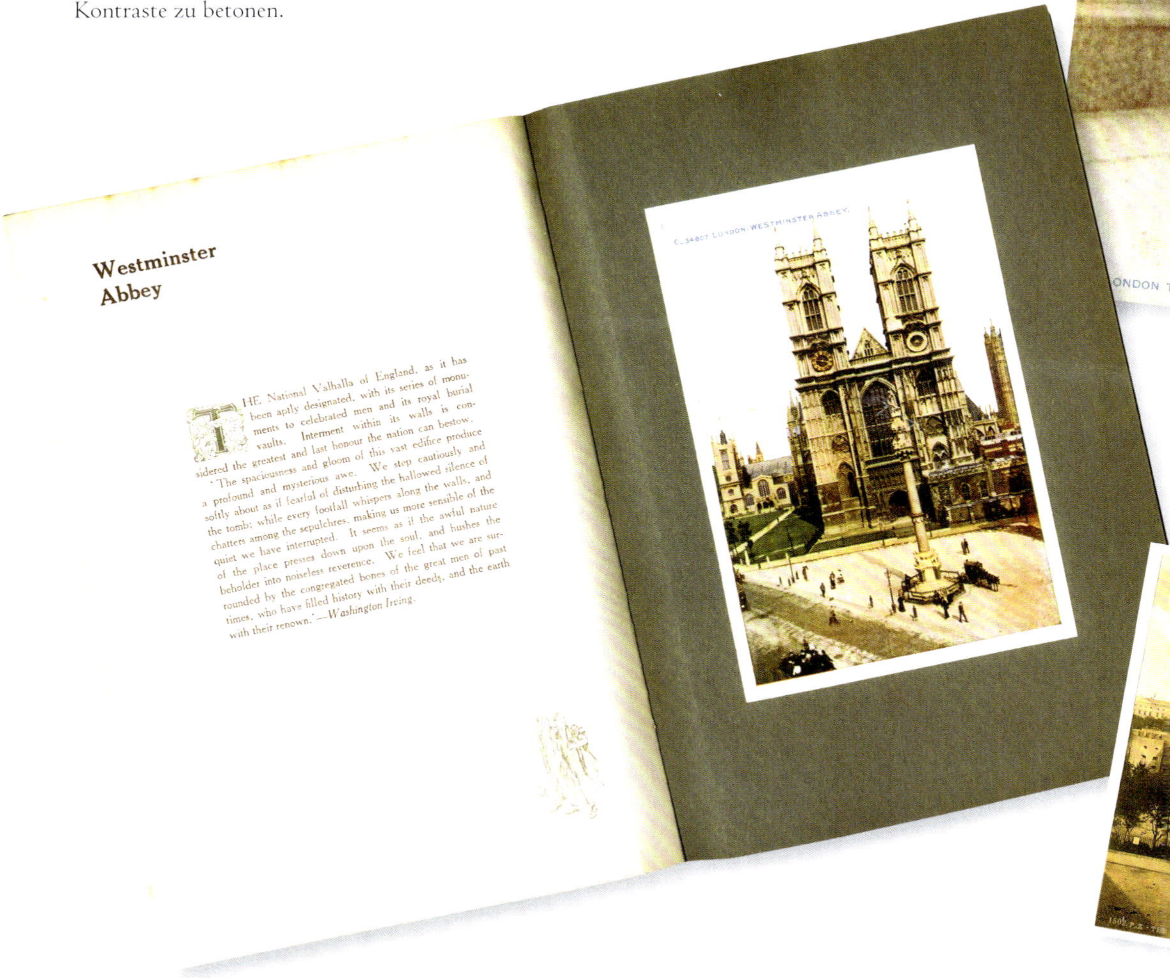

Die Seiten zeigen Westminster Abbey (links), einen Postboten (oben) und den Tower (unten). Sie stammen aus *London in Colour Photography*, erschienen bei der Photochrom Company. Das Buch enthielt 50 Photochrombilder der Hauptstadt.

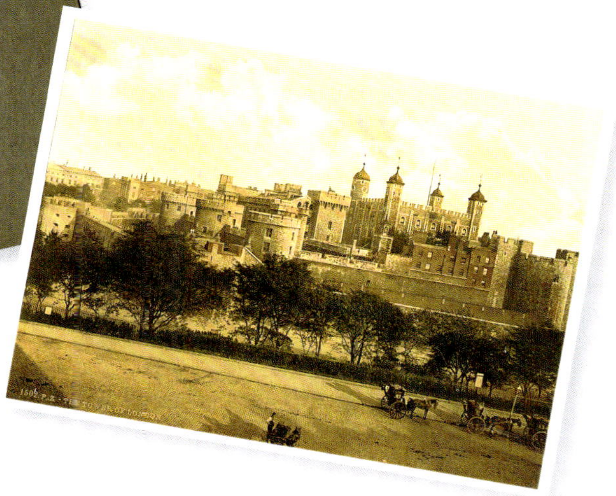

### TURBAYNE-EINBANDDECKEL

Als A&C Black 1903 den ersten Band seiner Farbbuchreihe auf den Markt brachte, wusste man natürlich, dass die äußere Aufmachung eines Buches, das 20 Schilling kostete, ebenso wichtig war wie der moderne Farbdruck innen.

Der Amerikaner Albert Angus Turbayne zog Anfang der 1890er Jahre nach London und ging eine enge geschäftliche Beziehung mit der innovativen Buchbinderei The Carlton Studio ein. Im Jahr 1903 galten seine von William Morris inspirierten Designs als Gipfel der Buchbindekunst. Er verwendete mehrere Druckblöcke – oft mit drei oder vier Farben – und wunderschöne Lettern. Aber die größte Stärke seiner Binderei waren Designs, die genau zum Thema des Buches passten. Albert Turbayne erforschte die Themen immer gründlich. Er stöberte in Bibliotheken und bebilderten Büchern, um die besten Illustrationen für Blacks Bücher zu finden.

Die Abbildungen in der vorliegenden Reihe Spaziergänge durch das alte … ehren die Kunstfertigkeit der Turbayne-Binderei. Die Muster an den Rändern des Umschlags wurden den ursprünglichen Deckeln der Black-Bücher entnommen. Die dekorativen Elemente im Inneren spiegeln diese Muster wider; sie betonen dadurch das Thema und die Atmosphäre, die Turbayne heraufbeschwören wollte.

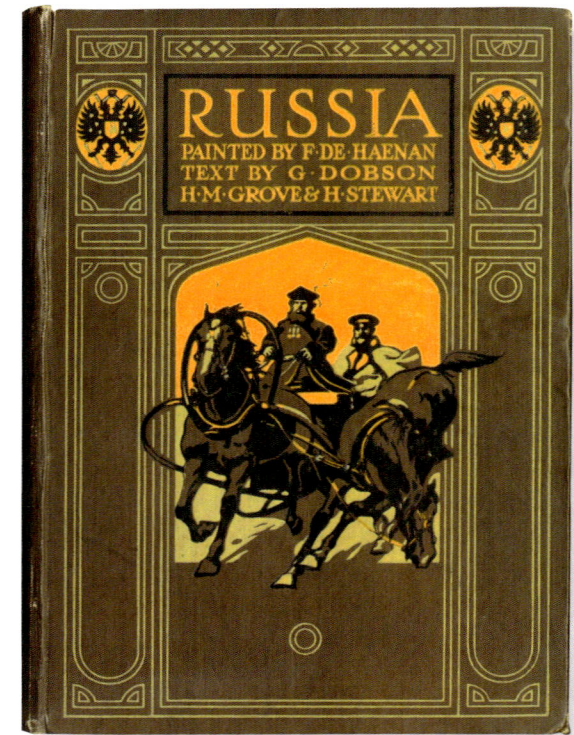

# QUELLEN, ANMERKUNGEN UND BILDLEGENDEN

Die Bilder, die Rose Bartons Gemälde ergänzen, stammen aus vielen Quellen, unter anderem aus Büchern, Postkarten, Museen und Bibliotheken. Es sind zeitgenössische Photochrome, Zeitschriften, Anzeigen und Karten. Die Zahlen beziehen sich auf die Nummern der Tafeln.

**1** H. R. H Prince George of Wales watching the Scots Guards from Marlborough House
Prinz Edward exerziert mit seinen Geschwistern (rechts); Gemälde von John Williamson, reproduziert in *The Children's Book of London*, 1903. Die Enkel Ihrer Majestät fahren in Marlborough House ein (oben links); *Living London*, Bd. I., hrsg. von George Sims, 1902. Whitehall (unten links) mit Bäumen auf dem Anwesen von Montague House (rechts zu sehen). Gemälde von Herbert Marshall, veröffentlicht in *The Scenery of London*, 1905.

**2** Westminster
Das Bild von Westminster (oben rechts) ist ein Gemälde von M. oder W. Johnson, reproduziert auf einer „Oilette"-Postkarte von Tuck. Über dem Bild von der Krönung Edwards VII. ist ein Sovereign von 1904 abgedruckt (links).

**3** The Drive, Hyde Park
Herausgeputzte Mitglieder des Coaching Clubs treffen sich am Mittwoch nach dem Derby im Hyde Park und gehen in den Hurlingham Park oder nach Ranelagh Gardens. Das Gemälde wurde in *London's Social Calendar* reproduziert. Diese Broschüre gab das Hotel Savoy um 1910 heraus und verteilte sie an Gäste. Das Foto oben rechts erschien in *401 Views of London*, veröffentlicht von W.H. Smith um 1902.

**4** The Row
Die zwei Zeichnungen der Rotten Row (oben rechts und links) von Hugh Thomson stammen aus *Highways and Byways in London*, veröffentlicht von Macmillan 1902. Die Karte der Rotten Row ist *Bacon's Up-to-Date Pocket Atlas and Guide to London* (1902) entnommen. „Ein Morgen auf der Rotten Row" (unten rechts) ist ein Photochrom aus *London in Colour Photography*, veröffentlicht von der London Photochrom Company um 1902.

**5** Ludgate Hill
E.W. Haslehusts Gemälde von St. Paul's und Ludgate Hill (unten rechts) wurde in *Beautiful London* mit einem Text von Walter Jerrold abgedruckt. Das Photochrom vom gleichen Motiv (links) erschien in *London in Colour Photography*. Das Foto oben rechts zeigt die Eisenbahnbrücke und stammt aus *401 Views of London*.

**6** Grosvenor Place on a Wet Day
Das Bild vom Garten des Buckingham-Palastes malte Mima Nixon für *London* von A.R. Hope Moncrieff, 1916 veröffentlicht von A&C Black (zuerst wurde es 1916 in *Royal Palaces and Gardens* von A&C Black abgedruckt). Die Anzeige für Schirme stammt aus der Weihnachtsausgabe von *Our Darlings* (1904). Das Photochrom des Buckingham-Palastes stammt aus *London in Colour Photography*.

**7** Under Hungerford Bridge
„Blick über den Fluss von der Hungerford Bridge aus" ist ein Gemälde (Mitte) von Yoshio Markino aus *The Colour of London*, erschienen bei Chatto and Windus 1914. Die Zeichnung rechts von Frants Henningsen erschien im *Penrose Pictorial Annual* 1904–05. Das Foto unten links wurde auf der Hungerford Bridge mit Blick nach Osten aufgenommen. „Kannst du schweigen?" ist der Titel der Zeichnung (Mitte) aus *Our Darlings*, 1906.

**8** A Hot Afternoon in Piccadilly
Das Bild der Kutscher beim Mittagessen (Mitte) in ihrem Unterstand stammt aus *Living London*, Bd. 2, hrsg. von George Sims 1903. Die Bilder der Droschken (unten rechts) zeigen eine Hansom (oben) und eine vierrädrige Droschke (unten). John Williamson malte den Kutscher und sein Pferd (unten links). Hinter der Kutsche ist ein hölzerner grüner Unterstand zu sehen.

**9** Brompton Road on a Foggy Evening
Ein Lieferwagen von Harrods (1904, unten rechts) über einem Stoffmuster von Liberty. Eine Dame, die in Knightsbridge einkaufte (Mitte), war mit den Kleidern der damaligen Zeit (unten links) vertraut.

**10** Oxford Street from the Corner of Bond Street
Das *Penrose Pictorial Annual* von 1909–10 druckte den Artikel „Strichzeichnungen für Zeitungsanzeigen: Die Selfridge-Karikaturen" von Chas E. Dawson ab. Die Anzeige für die Eröffnung von Selfridges (links), gezeichnet von Garth Jones, wurde in diesen Artikel aufgenommen und gehörte zu einer Serie, die „eine Woche lang in den führenden Tageszeitungen Londons ganzseitig abgedruckt" wurde. Die zwei Bilder in der Mitte zeigen die Oxford Street. Die Zeichnung stammt von L.G. Hornby und erschien 1912 bei A&C Black in London, *A Sketch Book*.

**11** A Pinch of Salt
„Der Spielplatz der Armen" lautet der Titel des Gemäldes (unten) von John Williamson aus *The Children's Book of London* von G. E. Milton, 1903 bei A&C Black erschienen. „Taubenfüttern" (oben rechts) wurde im *Penrose Pictorial Annual* von 1904–5 abgedruckt. „Taubenfüttern im Hyde Park" (oben links) ist eine Illustration aus *Living London*, Bd. 2. Das Bild der Taube (unten links) stammt aus *The British Bird Book*, hrsg. von F. B. Kirkman, erschienen 1911 bei T.&E. Jack.

**12** Spring-time
Das Gemälde von Kate Greenaway (rechts) trägt den Titel „Zwei Mädchen in einem Garten" und wurde in *Kate Greenaway* von Spielmann und Layard abgedruckt, erschienen 1905 bei A&C Black. Die Narzisse zeichnete Mabel E. Step für *Wayside and Woodland Blossoms*, erschienen bei Warne 1906. Die Zeichnung aus *Alice im Wunderland* (oben links) stammt von Sir John Tenniel.

**13** Isthmian Club, Piccadilly
„Eine Konferenz" lautet der Titel des Gemäldes unten links, abgedruckt im *Penrose Pictorial Annual* 1915. Die Tucks-Postkarte oben links zeigt Clubhäuser in der Piccadilly Street. Band 1 von *Living London* enthielt dieses Bild einer Ankunft am Carlton Club (oben rechts). Das Foto unten zeigt die komplizierte Akrobatik, die notwendig war, um in der Wallace Collection zu fotografieren – das war anscheinend nur am Montagmorgen erlaubt. Das Foto ist dem *Penrose Pictorial Annual* von 1908–9 entnommen.

**14** Sailing-boats on the Serpentine
Kleine Segeljachten in den Kensington Gardens (oben rechts) und Schwimmer im Hyde Park am frühen Morgen (Mitte), beide aus Bd. 1 von *Living London*. Das Bootshaus an der Serpentine (oben links) stammt aus *401 Views of London*.

**15** The Crossing, Hyde Park Corner
Das große Bild vom Hyde Park Corner ist ein Photochrom. „Quadriga in Hyde Park Corner" (oben) ist *401 Views of London* entnommen, ebenso der Blick auf Hyde Park Corner (unten) vom Park aus.

**16** Hyde Park Corner: Wet Day
Das Panoramabild des Hyde Park Corner (unten) entstand 1909. Das Gemälde vom Hyde Park Corner (links) von Herbert Marshall ist *The Scenery of London* entnommen, 1905 bei A&C Back erschienen. Die Anzeige für Regenmäntel (rechts) zeichnete Frank Bentall in Kingston-on-Thames.

**17** Azaleas in Bloom, Rotten Row
„Morgenspaziergang bei der Rotten Row" ist der Titel des Gemäldes (unten) von Yoshio Markino, abgedruckt in *The Colour of London* von Chatto und Windus, 1914. „Damen spazieren im Hyde Park nahe der Park Lane" (Mitte) stammt aus Bd. 1 von *Living London*. Die Azalee (oben) ist Thompsons *Gardener's Assistant*, Bd. 2, entnommen, erschienen bei der Gresham Publishing Company, 1900.

**18** In Kensington Gardens
E. W. Haslehust malte den Lancaster-Gate-Brunnen in den Kensington Gardens (unten links). Das Photochrom aus *London in Colour Photography* (oben) zeigt den Runden Teich in den Kensington Gardens. Peter Pans Statue in den Kensington Gardens (ganz rechts) steht hier über einer Karte aus dem Vorsatz von J. M. Barrie's *Peter Pan in Kensington Gardens*, nacherzählt von May Byron mit Bildern von Arthur Rackham, erschienen 1920 bei Hodder & Stoughton.

**19** By the Ring, Hyde Park: Evening
„Der Hundefriedhof im Hyde Park" (oben rechts) stammt aus *Living London*, Bd. 1. „Gefährten" ist der Titel des Bildes einer Frau mit ihrem Hund (links), abgedruckt im *Penrose Pictorial Annual* 1908–09. *Chatterbox*, eine jährlich erscheinende illustrierte Sammlung von Geschichten, Informationen, Gedichten und Aktivitäten druckte dieses Bild eines Hundes mit Puppe 1906 unter dem Titel „Schatzfund" ab. Die Hundebilder (Mitte) mit dem Titel „Alle Arten und Umstände" stammt aus dem *Penrose Pictorial Annual* 1902.

**20** Waiting for Royalty
„Galaabend im Opernhaus Covent Garden" (unten) erschien im *London's Social Calendar*, einer Broschüre, die das Hotel Savoy für seine Gäste drucken ließ. Das Bild von König Edward VII. und Königin Alexandra stammt aus einem *Coronation Souvenir Booklet*, gedruckt 1902 mit freundlicher Empfehlung des Tuchhändlers R.W. Righton in Evesham. Daraus ist auch das Bild von Prinzessin Louise, der Herzogin von Fife, entnommen.

**21** H. R. H. Prince George of Wales
Das Gänseblümchen (oben links) von Mabel E. Step stammt aus *Wayside and Woodland Blossoms*, erschienen 1909 bei Frederick Warne. „Die Investitur des Prinzen von Wales in Carnarvon Castle" (unten links) ist ein Kinemacolor-Bild, das im *Penrose Pictorial Annual* 1911–12 abgedruckt wurde. „Prinz Edward von York mit Familie" (rechts) ist dem *Coronation Souvenir Booklet* entnommen (siehe Anmerkung zu Tafel 20).

**22** In the Strand: Waiting for Election News
Gladstone sieht auf diesem Foto (oben) sehr ernst aus. Es wurde *Hutchinson's Story of the British Nation* entnommen, erschienen bei Hutchinson & Co. „Gladstone legt am 13. Februar 1893 das Gesetz über Selbstverwaltung vor" (Mitte) stammt aus derselben Quelle. „Speshul!" ist der Titel der Zeichnung unten links aus *Highways and Byways* in London, erschienen 1902 bei Macmillan.

**23** The Royal Exchange
Die ursprüngliche Königliche Börse in der Cornhill (oben links) stammt aus *London* von Walter Besant, erschienen 1892 bei Chatto and Windus. Die beiden Postkarten unten zeigen ebenfalls die Börse. Das Bild links ist ein Photochrom aus London in *Colour Photography*.

**24** Cloth Alley, Smithfield
Smithfield Market (oben links) ist *Ryman's Handy Handbook of London* entnommen, erschienen bei G. Falkner & Sons. Das Bild links unten zeigt zwei ähnliche Ansichten des Cloth Fair und stammt aus *London* von A.R. Hope Moncrieff, erschienen 1916 bei A&C Black. Die Zeichnung rechts ist *Highways and Byways in London* entnommen, erschienen 1902 bei Macmillan.

**25** Flower Girls in the Strand
Die Rose oben rechts ist ein Gemälde mit dem Titel „Zusammensein" aus dem Carlton Studio, das im *Penrose Pictorial Annual* 1912–13 abgedruckt wurde. Yoshio Markino malte die „Blumenverkäuferinnen auf dem Piccadilly Circus" (links). Die wundervolle Blumenverkäuferin (Mitte) ist ein Photochrom, das in *London in Colour Photography* abgedruckt wurde.

**26** Rus in Urbe
Die Strohhütte rechts malte Philip Norman 1895; sie wurde in *London Vanished and Vanishing* abgedruckt, das 1905 bei A&C Black erschien. Das Bild illustriert das Schwinden des ländlichen Londons; denn die Hütte stand hinter St. Marys Terrace Nr. 12, Paddington Green, und wurde 1897 abgerissen. Das Foto oben zeigt den modernen Glebe Place in Chelsea.

**27** Old River-wall, Chelsea
Whistlers „Nocturne Blue and Silver", Chelsea 1871 (oben), und „Chelsea" (unten) von Herbert Marshall in *The Scenery of London*.

**28** The Last Lamp, Thames Embankment
Ein Lampenputzer (oben links) und eine Lampenwerkstatt der South Metropolitan Gas Company (unten), abgedruckt in Bd. 3 von *Living London*. Yoshio Markinos evokatives Bild vom Themseufer in Chelsea bei Regen (Mitte) passt zur Stimmung des „Obdachlosen", gemalt von Harry W. Whanslaw 1906 mit den gleichen typischen Lampen, erschienen als Zweifarbendruck im *Penrose Pictorial Annual* 1907–08.

**29** Who is it?
Das Foto der Statue von Thomas Carlyle in Chelsea (Mitte) stammt aus *401 Views of London*, das Porträt von Carlyle (rechts) malte James Whistler. Die Zeichnung von Carlyles Haus in der Cheyne Nr. 24 stammt aus *Ryman's Handy Handbook*, erschienen bei G. Falkner & Sons.

**30** Entrance to the Apothecaries' Garden
Gartengeräte, mit denen man Insekten fing (links) und eine alte Karte des Chelsea Physic Garden (Mitte). Rechts der Garten, wie er heute aussieht.

**31** Out for the Day
Die Karte unten ist *Bacon's Up-to-Date Pocket Atlas and Guide to London* (1902) entnommen. Die Radfahrerin links schmückte den Umschlag eines Fahrradkatalogs von John Swain and Sons und wurde im *Penrose Pictorial Annual* 1906–7 abgedruckt. Herbert Marshall malte Battersea Reach (Mitte) in Turners Haus im Cheyne Walk 119. Das Bild wurde in *The Scenery of London* abgedruckt.

**32** The Pensioners' Garden, Royal Hospital, Chelsea
Das Bild unten trägt den Titel „Garten der alten Männer im Chelsea Spital". Helen Allingham, die Malerin, war Mitglied der Königlichen Aquarell-Gesellschaft. Das Bild wurde in *Happy England* abgedruckt, erschienen 1903 bei A&C Black. Die zwei anderen Bilder der Chelsea-Pensionäre (oben und links) stammen aus *Living London*, Bd. 1. Das Bild links zeigt Pensionäre mit ihren „Black Jacks" (lederne Trinkgefäße).

**33** Emanuel Hospital, Westminster
Die beiden Gemälde zeigen das Emanuel Hospital, das Lady Dacre, die Schwester von Thomas Sackville, des Grafen von Dorset, gründete. Das Bild oben malte Herbert Marshall für *The Scenery of London*; das untere malte Philip Normann 1890, zwei Jahre vor der Schließung des Spitals.

**34** Nelson's Column in a Fog
Das Panoramabild des Trafalgar Square (unten) stammt aus dem Jahr 1909. Die beiden anderen Bilder sind Photochrome der Nelsonsäule aus etwas unterschiedlichen Winkeln.

**35** Gordon's Statue
„Der Tod General Gordons" (unten) am 26. Januar 1885, gemalt von G.W. Joy, wurde in *Hutchinson's Story of the British Nation* abgedruckt. Das Porträt Gordons (oben rechts) stammt aus demselben Buch. Das Foto des Trafalgar Square zeigt die Statue Gordons, bevor sie 1943 in die Victoria Embankment Gardens verlegt wurde.

**36** Haste to the Wedding
Das Bild links zeigt eine Hochzeit in St. Paul's in Kensington. Der Buchrücken von *Modern Marriage* wurde im *Penrose Pictorial Annual* 1908–9 abgedruckt. Das Porträt von Händel (rechts) stammt aus *Hutchinson's Story of the British Nation*.

**37** Fire
„Er taumelte vorwärts und erreichte den Treppenabsatz" ist der dramatische Titel der Zeichnung links, die eine Geschichte für Kinder in *Chatterbox* illustrierte, veröffentlicht 1906 bei Wells Gardner & Co. Ltd. London. „Was der Feuerwehrmann tat" (Mitte) illustrierte eine Geschichte in *The Child's Own Magazine*, Bd. 22, erschienen 1905 bei W. Clowes and Sons. Das Bild vom Feuerwehrfahrzeug, das die Wache verlässt, wurde in *Living London*, Bd. 1, abgedruckt.

**38** St. Mary's-le-Strand
Das Foto von St. Mary le Strand (unten rechts) stammt aus *The Old Churches of London*, das 1941 bei Batsford erschien. Das kolorierte Bild von Nelson Dawson wurde in *A Wanderer in London* abgedruckt, das 1906 bei Methuen & Co. erschien.

**39** Drinking-fountain in St. James's Park
Die Zeichnung oben rechts zeigt Kinder, die sich um denselben Brunnen im St.-James-Park drängen, den Rose Barton auf ihrem Gemälde darstellte. Das Foto unten wurde in Band 3 von *Living London* abgedruckt.

**40** Feeding the Gulls from the Bridge in St. James's Park
Das schöne Bild der Pelikane (oben links) malte William Kuhnert. Es wurde 1910 in der *Harmsworth Natural History* abgedruckt. Die zwei Erpel, die eine Ente verfolgen (oben rechts) sind *The British Bird Book* entnommen, das 1913 erschien. Das Gemälde von Yoshio Markino (unten) mit dem Titel „Fütterung der Wildvögel im St.-James-Park" veröffentlichten Chatto & Windus 1914.

**41** Parliament Street
Die Karte der Parliament Street stammt aus *Bacon's Up-to-Date Pocket Atlas and Guide to London* (1902). Das Foto unten zeigt die heutige Parliament Street. Brunel (rechts) raucht auf diesem bekannten Porträt eine Zigarre.

**42** Changing Guard, Whitehall
Dragoner der Royal Scots Greys (rechts) reiten in Horseguards ein. Dieses Bild eines Krönungsumzuges wurde 1902 in einem *Coronation Souvenir Booklet* mit den besten Empfehlungen von R.W. Righton abgedruckt. Das Photochrom von Horse Guards (links) stammt aus *London in Colour Photography*.

**43** St. Bartholomew's Hospital
Eine Flaschenverkäuferin vor dem Krankenhaus St. Bartholomäus (oben links) aus *Living London*, Bd. 2. Die Frau profitierte davon, dass das Krankenhaus seine Patienten nicht mit Flaschen (für Arzneien?) versorgte. Herbert Marshalls Bild vom St. Bartholomew Square (unten) erschien 1905 in *The Scenery of London*. Links ist das Krankenhaus zu sehen.

**44** The Guards marching near St. James's Palast
Die Zeichnung des Tores zum St.-James-Palast (rechts) wurde *Walks in London*, Bd. 2, von Augustus Hare entnommen, erschienen 1878 bei Daldy, Isbister and Co. Das Bild in der Mitte ist ein Photochrom. Die „Oilette"-Postkarte (links) nach einem Gemälde von Harry Payne zeigt den Wachwechsel am Buckingham-Palast – die Coldstream-Gardisten lösen die Grenadiere ab.

**45** The Thames, Charing Cross
Die armen Kinder, die den Strand absuchen (oben) sind in *Living London*, Bd. 1, abgebildet, ebenso das Bild der beladenen Kähne am Bankside-Pier (rechts). Das Bild des Unterhauses (links) malte Herbert Marshall; es wurde in *The Scenery of London* abgedruckt.

**46** Toddlers
Das schlafende Kind auf der Türschwelle (rechts) stammt aus dem *Penrose Pictorial Annual* 1912–13 und trägt den Titel „Erschöpft". Hugh Thomson zeichnete „Eine Türschwellenparty" (links) 1902. Das Foto oben erschien in *Living London*, Bd. 1, und zeigt zerlumpte Kinder bei einer Schulspeisung in Camberwell.

**47** Cromwell Road
Ein Photochrom des Victoria and Albert Museums (oben) und zwei verschiedene Aufnahmen des Naturgeschichtlichen Museums in Kensington: links aus *Ryman's Handy Handbook of London*, rechts aus *401 Views of London*.

**48** St. James's Street: Levée Day
Die St. James Street, vom New University Club aus gesehen (rechts), malte Herbert Marshall. Das Bild wurde 1905 in *The Scenery of London* abgedruckt. Das Bild einer Levee im St.-James-Palast (unten links) stammt aus *London's Social Calendar*. Die St.-James-Street und der St.-James-Palast (oben links) von Nelson Dawson stammt aus *A Wanderer in London*, erschienen 1906 bei Methuen & Co.

**49** South Kensington Station
Yoshio Markino malte den Bahnhof Earls Court (unten rechts). Die U–Bahn-Karte (unten links) erschien 1908. Die Karte des U-Bahnnetzes (ganz links) wurde 1902 in *Bacon's Up-to-Date Atlas to London* veröffentlicht. George Davy zeichnete die „Stehplatzfahrgäste" (oben). Das Bild wurde auf einer lustigen Postkarte abgedruckt.

**50** Brompton Road, looking East
Die Anzeige von Harrods für Korsetts (rechts) stammt aus *The Ladies' Field Magazine* vom 11. April 1914. Die Zeitschrift kostete 6 Pence in der Woche. Die Postkarte (Mitte) zeigt die Brompton Road. Die Dame beim Einkaufen (links) war auf dem Rücken eines Stoffkataloges abgebildet. Das Bild wurde im *Penrose Pictorial Annual* 1905–6 abgedruckt.

**51** Constitution Hill; The Blues
Der Soldatenausweis (rechts) wurde 1902 im ersten Band von *Living London* abgedruckt. Das Bild von Constitution Hill (links) von Yoshio Markino stammt aus *The Colour of London* (1914).

**52** Villiers Street, Charing Cross
Das Bild des Bahnhofs Charing Cross, vom Fluss aus gesehen (unten), malte Herbert Marshall. Es stammt aus *The Scenery of London*. Das Photochrom (rechts), das Charing Cross und die Strand zeigt, wurde in *London in Colour Photography* abgedruckt.

**53** Fleet Street
Das Foto links zeigt das Innere der Cheshire Cheese. Dieses Gebäude ist auch auf den beiden anderen Bildern zu sehen: „Wine Office Court" und „Cheshire Cheese in der Fleet Street" von E.W. Haslehust (unten), abgedruckt in *Beautiful London*. Die Zeichnung der Fleet Street (rechts) ist eine Illustration aus *London* von Walter Besant, das 1892 zuerst erschien.

**54** The Lady in Waiting
Das Porträt oben zeigt Kate Greenaway 1895 in ihrem Studio. Es stammt aus *Kate Greenaway* von Spielmann und Layard, erschienen 1905 bei A&C Black. „Seifenblasen" ist der Titel des Bildes in der Mitte. Es wurde für *Rhymes for Young Folk* gemalt und in *Kate Greenaway* abgedruckt. Mortimer Menpes malte die lila Sonnenhaube (unten). Das Bild stammt aus *World's Children*, erschienen 1903 bei A&C Black.

**55** Tottenham Court Road
Das Foto der Tottenham Court Road (links) stammt aus *401 Views of London*. Die zwei Anzeigen von Heals (unten und rechts) zeigen Produkte aus Porzellan. Die Anzeige unten stammt aus *The Connoisseur: A Magazine for Collectors*, Bd. 16, November 1906.

**56** Three Little Ducks
Die zwei gefühlvollen Kinderbilder, „Kindheit" (oben) und „Geheimnisse" (links), sind dem *Penrose Pictorial Annual* 1907–08 entnommen. „Ich bringe Rosen mit" ist der Titel des Bildes von Kate Greenaway (unten rechts).

**57** Hammersmith 'Bus
Zwei Zeichnungen von Hugh Thomson: „Der Busfahrer" (oben links) und „Im Omnibus" (Mitte) aus *Highways and Byways in London*, erschienen 1902. Der ordentliche Junge (rechts), der während der Verkehrslücken Pferdemist beseitigte, stammt aus *London in Colour Photography*. Die Anzeige für den Omnibus erschien im April 1906 in *Motor Traction*.

**58** Nelson's Column, and Portico of St. Martin's-in-the-Fields
Die Zeichnung der Kirche St.-Martin-in-the-Fields (unten Mitte) erschien in *Ryman's Handy Handbook of London*. Den Trafalgar Square im Nebel (links) malte Yoshio Markino. E.W. Haslehust malte das Bild oben rechts.

**59** Bell Inn, Holborn
Zwei Bilder des Old Bell Inn in Southwark von Philip Norman (unten) aus *London Vanished and Vanishing*, erschienen 1905 bei A&C Black. Das Kaffeezimmer (unten rechts) ist auch unter der Lampe auf der rechten Seite des Bildes vom Hof des Old Bell (links) zu sehen. Eine ähnliche Architektur zeigt das Bild der Überreste des George Inn in Southwark (oben) von E.W. Haslehust, abgedruckt in *Beautiful London*.

**60** St. Martin's-in-the-Fields
Das Photochrom der Kirche St. Martin-in-the-Fields und der Nationalgalerie (oben) zeigt das gleiche Motiv wie die zwei Bilder unten, aber aus einem etwas anderen Winkel. Die Gemälde von Herbert Marshall stammen aus *The Scenery of London*.

**61** Waterloo Bridge
Das Bild des Flusses Steps an der Waterloo Bridge von E.W. Haslehust (oben) hebt die grandiose Architektur hervor. Haslehust malte auch „Die Themse" (unten). Er stand dabei unter der Waterloo Bridge und schaute zur Stadt. Beide Bilder waren unter den 48 Gemälden in *Beautiful London*, erschienen um 1909 bei Blackie and Son.

Die folgenden Anmerkungen beziehen sich auf die Karten auf Seite 146–161. Sie beschreiben die Bilder an den Seitenrändern von oben nach unten. Die Zahlen geben die Seiten an.

**147** Eine Karte des Zoos im Regents Park aus dem *ABC 3d Guide to London* (1907). „Elefant im Zoo" aus *401 Views of London*, erschienen bei W. H. Smith. „Im Löwenkäfig des Zoos", gemalt von J. Williamson, aus *The Children's Book of London*, erschienen bei A&C Black 1903. Lords Pavilion aus *London* von A. R. Hope Moncrieff, erschienen 1916 bei A&C Black.

**148** Passagiere warten am Bahnhof Euston; aus *Living London*, Bd. 1. Regents Park aus *Living London*, Bd. 1. University College Gower Street; aus *401 Views of London*.

**149** Eine Fahrkarte für die dritte Klasse von Bradford nach Kings Cross über Carcroft, die 15 Schilling 10 1/2 Pence kostete. Die Bahnhöfe Kings Cross und St. Pancras, beide aus *401 Views of London*. Das Foundling Hospital in der Guildford Street, in dem Anfang des 20. Jahrhunderts 550 Kinder eine Heimat fanden; aus *Living London*, Bd. 1.

**150** Wesley's Chapel, City Road. Das Innere der Kapelle. Bunyans Grab, Bunhill Fields, City Road. Alle Bilder aus *401 Views of London*.

**151** Das Bethnal Green Museum. Das Hauptquartier der Honourable Artillery Company, City Road. Finsbury Square. Alle Bilder aus *401 Views of London*.

**152** Eine Fahrkarte der Great Western Railway kostete 6 Pence vom Paddington nach jedem anderen Ziel der Gesellschaft, das höchstens 75 Meilen vom Paddington entfernt war. Kinder mit Segelbooten am Runden Teich in den Kensington Gardens aus *401 Views of London*. Ein Photochrom des Holländischen Gartens im Kensingtonpalast, abgedruckt in *London in Colour Photography*. Schlittschuhlaufen auf der Serpentine aus *Living London*, Bd. 2.

**153** Ein Photochrom des Marmorbogens aus *London in Colour Photography*. Kensington High Street aus *401 Views of London*. Das Albert-Denkmal aus *London in Colour Photography*.

**154** Das Britische Museum aus *London in Colour Photography*. Ein Photochrom der Gerichte in der Strand. Das Hotel Savoy aus dem *Penrose Pictorial Annual* von 1905–06.

**155** Das Themseufer aus dem *Penrose Pictorial Annual* von 1904–05. Ein Photochrom der Westminster Abbey aus *London in Colour Photography*, erschienen bei der London Photochrom Company. Westminster Bridge und Saint Thomas Hospital aus *London in Colour Photography*.

**156** St. Paul's Cathedral, aus *London in Colour Photography*. Das Bild zeigt eine Ansicht von London über die Themse, aus *Penrose Pictorial Annual* 1912–13; London Bridge und Monument, aus *London in Colour Photography*.

**157** Der White Tower von London aus *London in Colour Photography*. St. Katherines Dock 1828 aus einer Broschüre der Londoner Hafenbehörde vom März 1914. Die Londoner Hafenflaggen, abgebildet auf dem Einbandrücken der Broschüre.

**158** Die Chelsea Church, gemalt von Yoshio Markino und abgedruckt in *A Japanese Artist in London*, erschienen bei Chatto & Windus, 1910. Brompton Road aus *401 Views of London*. Brompton Oratory aus dem gleichen Buch.

**159** Chelsea Hospital; aus *Living London*, Bd. 1. Chelsea Staith, gemalt von Herbert Marshall; aus *The Scenery of London*. Battersea Park; aus *401 Views of London*.

**160** Westminster Cathedral; aus *London in Colour Photography*. Der Victoria–Bahnhof im Jahr 1900. Die Tate-Galerie; aus *London in Colour Photography*.

**161** Ein Photochrom vom Lambeth-Palast. Zwei Bilder des Oval Cricket Ground; aus *Living London*, Bd. 2.

# BIBLIOGRAFIE

*The ABC Guide to London*, verteilt von Chas Baker & Co's Stores Ltd, 1907 und 1916.

*Bacon's Up-to-Date Pocket Atlas and Guide to London*, G.W. Bacon and Co. Ltd, 1902.

*Beautiful London*, Text von Walter Jerrold mit 48 Bildern von E. W. Haslehust, Blackie and Son Ltd., o. J.

*Chatterbox*, begründet von J. Erskine Clarke, Wells Gardner, Darton & Co., 1906.

*The Children's Book of London*, G. E. Milton, A&C Black, 1903.

*The Child's Own Magazine*, gedruckt von William Clowes and Son, 1905.

*Chronicles of London*, C. L. Kingsford, Clarendon Press, 1905.

*Collecting Postcards*, William Dûval mit Valerie Monahan, Blandford Press, 1978.

*The Colour of London*, W. J. Loftie, Bilder von Yoshio Markino, Chatto and Windus, 1914.

*Colour Printing and Colour Printers*, R. M. Burch, Pitman & Sons Ltd, 1910.

*The Connoisseur: A Magazine for Collectors*, Otto Ltd, Carmelite House.

*Cook's Handbook for London*, 1904, 1905, 1906, Thomas Cook & Son.

*The Dictionary of British Watercolour Artists up to 1920*, Volume 1, Huon Mallalieu, Antique Collectors' Club.

*Discovering London Plaques*, Derek Sumeray, Shire, 1999.

*The Early History of Piccadilly, Leicester Square, Soho and their Neighbourhoods*, C. L. Kinsford, Cambridge University Press, 1925.

*Edwardian Fashion*, Pauline Stevenson, Ian Allan Ltd, 1980.

*Edwardian Life and Leisure*, Ronald Pearsall, David and Charles, 1973.

*The Edwardians*, Roy Hattersley, Little, Brown, 2004.

*Edwardian Theatre*, A. E. Wilson, Baker, 1951.

*England*, Frank Fox, A&C Black, 1918.

*401 Views of London*, W.H. Smith & Son.

*The Gardener's Assistant*, Robert Thompson, hrsg. von William Watson, Volumes 1–3, Gresham Publishing Company, 1900.

*Happy England*, Helen Allingham, A&C Black, 1903.

*Harmsworth Natural History*, Volumes 1–3, Carmelite House, 1910.

*Highways and Byways in London*, Mrs. E. T. Cook, mit Illustrationen von Hugh Thomson und F. L. Griggs, Macmillan and Co Ltd, 1902.

*A History of London Transport*, Theodore Barker und Richard Robbins, George Allen & Unwin, 1963.

*A History of Shopping*, Dorothy Davis, Routledge & Kegan Paul, 1966.

*Hutchinson's Story of the British Nation*, Bd. 1–4, Hutchinson & Co., o. J.

*A Japanese Artist in London*, Yoshio Markino, Chatto and Windus, 1910.

*Kate Greenaway*, M. H. Spielmann und G. S. Layard, A&C Black, 1905.

*The Kings and Queens of England*, Sir George Bellow, ein Begleitbuch zu *The Royal Line of Succession*, Patrick W. Montague-Smith, Debrett.

*The Ladies' Field Magazine*, 11. April 1914, Bd. LXV, Nr. 839.

*Living London*, hrsg. von George R. Sims, Bd. 1–3, Cassell and Co Ltd, 1902–3.

*London*, A. R. Hope Mancrieff, A&C Black, 1916.

*London*, Walter Besant, Chatto and Windus, 1904.

*London, A Sketch Book*, L. G. Hornby, A&C Black, 1912.

*London, the Port of the Empire*, Port of London Authority, 1914.

*London Alleys, Byways and Courts*, gezeichnet und beschrieben von Alan Stapleton, John Lane und the Bodley Head Ltd, 1924.

*London in Colour Photography*, Foreword by George R. Sims, London Photocrom Company Limited.

*The London Encyclopaedia*, hrsg. von Ben Weinreb und Christopher Hibbert, Macmillan, 1983.

*London and Its Environs, Handbook for Travellers*, Karl Baedeker, Baedeker, 1911.

*London, A Sketch Book*, L.G. Hornby, A&C Black, 1912.

*The London Encyclopaedia*, hrsg. von Ben Weinreb und Christopher Hibbert, Macmillan, 1983.

*London in Colour Photography*, Vorwort von George R. Sims, London Photocrom Company Limited, o.J.

*London in the Nineteenth Century*, Walter Besant, A&C Black, 1909.

*London of Today*, hrsg. von C.E. Pascoe, 1895–97.

*London's Social Calendar*, Broschüre des Hotels Savoy, um 1910.

*London, the Port of the Empire*, Hafenbehörde London, 1914.

*London 1900*, Jonathan Schneer, Yale University Press, 1999.

*The London Tramcar 1861–1952*, R.W. Kidner, Oakwood Press, 1970.

*London Vanished and Vanishing*, gemalt und beschrieben von Philip Norman, A&C Black, 1905.

*Lost London*, E.B. Chancellor, Constable, 1926.

*The Making of Modern London 1815–1914*, Gavin Weightman und Steve Humphries, Sidgwick and Jackson, 1984.

*Motor Buses in London 1904–8*, R. W. Kidner, Oakwood Press, 1975.

*The Old Churches of England*, Gerald Cobb, B.T. Batsford Ltd, 1941.

*Olivia's Shopping and How She Does It: A Prejudiced Guide to the London Shops*, Gay and Bird, 1905.

*Our Darlings*, hrsg. von Dr. Barnado, John F. Shaw and Co Ltd, annual.

*Penrose's Pictorial Annual*, 1901–1915, edited by William Gamble, Penrose and Co.

*Peter Pan in Kensington Gardens*, nacherzählt von May Byron, illustriert von Arthur Rackham, Hodder and Stoughton Ltd., o. J.

*The Picture Postcards of Raphael Tuck and Sons*, J. H. D. Smith, IPM, Colchester, 2000.

*Philips' Handy Volume Atlas of the County of London*, George Philip and Son Ltd, 1902.

*Ryman's Handy Handbook of London*, George Falkner and Sons.

*The Scenery of London*, gemalt von Herbert M. Marshall, beschrieben von G.E. Mitton, A&C Black, 1905.

*Souvenir of the Coronation of King Edward VII*, mit freundlicher Empfehlung von R.W. Righton, Wholesale, Retail and General Draper, Manchester House, Evesham, 1902.

*The Thames*, Jonathan Schneer, Little, Brown, 2005.

*Toys, Dolls, Games: Paris 1903–1914*, Denys Ingram, 1981.

*Walks in London*, Volume 2, Augustus J. C. Hare, Daldy Isbister and Co. 1878.

*A Wanderer in London*, E. V. Lucas, illustriert von Nelson Dawson, Methuen & Co., 1906.

*Wayside and Woodland Blossoms*, Edward Step, illustriert von Mabel E. Step, Frederick Warne & Co., 1909.

*World's Children*, Mortimer Menpes, Text von Dorothy Menpes, A&C Black, 1903.

## INTERNETSEITEN

www.chelseaphysicgarden.co.uk
www.royalparks.gov.uk
www.wikipedia.org
www.covent-garden.co.uk
www.georgianindex.net
www.regiments.org
www.apothecaries.org

Ein Stadtpolizist, *London in Colour Photography*

## DAS TIMES PAST ARCHIVE

Die Reihe *Memories of Times Past* wäre undenkbar ohne das umfangreiche Times-Past-Archiv, eine Schatzkammer voller Bücher, Zeitschriften, Atlanten, Postkarten und gedrucktem Krimskrams aus dem „goldenen Zeitalter" des Farbdrucks zwischen 1895 und 1915.

Als wir vor einigen Jahren mit diesem Projekt begannen, sammelten wir Material aus aller Welt. Neben sämtlichen 92 Farbbüchern von A&C Black für 20 Schilling, die die Reihe inspiriert haben, besitzt das Archiv auch alle *Baedecker* und *Murray's Guides* aus jener Zeit, fast jedes farbig illustrierte Reisebuch von bekannten Verlagen wie Dent, Jack, Cassell, Blackie und Chatto & Windus sowie eine umfangreiche Sammlung von Nachschlagewerken mit Farbtafeln über Themen wie Eisenbahnen, Militäruniformen, wilde Blumen, Vogeleier usw.

Das Archiv enthält ferner vollständige Jahrgänge der damaligen Zeitschriften mit Farbillustrationen, darunter das bahnbrechende *Penrose's Pictorial Annual: An Illustrated Review of the Graphic Arts; Colour*, die erste britische farbige Zeitschrift; Frauenzeitschriften wie *Ladies' Field* und *The Crown*; und weitere beliebte Titel wie *The Connoisseur* und *The London Magazine*.

Diese Jahre waren die Blütezeit der Atlanten. Das Times-Past-Archiv enthält Perlen wie Keith Johnstons *Royal Atlas of Modern Geography*, *The Harmsworth Atlas*, Bartholomews *Survey Atlas of England and Wales* sowie den *Illustrated and Descriptive Atlas of The British Empire*.

Last but not least enthält das Archiv eine Fülle von kleineren Dingen: Souvenirs, Postkarten, Fahrkarten, Programme, Kataloge, Plakate und all den bunten Krimskrams, mit dem die Leser der ursprünglichen 20-Schilling-Bücher vertraut waren

## DIE TIMES PAST WEBSITE,

Die Internetseite www.memoriesoftimespast.com begleitet dieses Projekt. Dort finden Sie weitere Informationen über die Anfänge und weitere Entwicklung des Projekts sowie die vollständigen Originaltexte der bisher veröffentlichten Titel. Außerdem können Sie an Diskussionen zwischen Lesern teilnehmen, die ihre Erinnerungen und Interessen mit anderen teilen möchten. Die Internetseite beginnt klein und elegant, wie man es von einer „Eduard-Website" erwartet; aber sie wird allmählich das werden, was Sie und wir haben wollen – ein Ort, an dem die Fans einer 100 Jahre alten Kunst und Kultur einander begegnen und inspirieren können.

Wir haben uns bei der Beschaffung von Informationen um größte Sorgfalt bemüht. Der Verlag übernimmt jedoch keine Haftung für Schäden, die durch ungenaue Daten entstehen, und gibt keinerlei Garantie. Der Verlag nimmt Kommentare und Korrekturen durch Leser gerne entgegen und wird sie bei künftigen Auflagen berücksichtigen. Bitte schreiben Sie an corrections@memoriesoftimespast.com.

## NACHWEIS DER ABBILDUNGEN

l = links, r = rechts, u = unten, o = oben, M = Mitte
Seitenangaben beziehen sich auf dieses Buch.

*Collecting Postcards*, William Dûval mit Valerie Monahan, Blandford Press, 1978, Seite 14(ul), Tafel 44(l), Tafel 49(o)

*The Dictionary of British Watercolour Artists up to 1920*, Bd. 1, Huon Mallalieu, Antique Collectors' Club, Seite 22(l)

David and Jonathan Downes, Seite 21(o,r und ur)

Don Kurtz über www.artrenewal.org, Seite 19(r)

*Edwardian Fashion*, Pauline Stevenson, Ian Allan Ltd., 1980, Tafel 16(ur)

The London Transport Museum, Seite 160(M)

*Motor Buses in London* 1904-8, R.W. Kidner, Oakwood Press, 1975, Tafel 57(ul)

*The Picture Postcards of Tuck and Sons*, J.H.D. Smith, IPM, Colchester, Tafel 13(ol), Seite 167(o.r)

*Toys, Dolls, Games: Paris 1903–1914*, Denys Ingram, 1981, Tafel 14(ur)

www.artrenewal.org, Seite 20(or), Seite 21(ul), Seite 23(l.r)

www.mooseyscountrygarden.com, Tafel 30(r)

Die Autoren danken Christopher Pick für seine Beiträge zu mehreren Tafellegenden.

Vordach des Hotels Carlton bei Nacht, gemalt von Yoshio Markino, *The Colour of London*, 1914